MANUEL BAUER

Unter Staatsfeinden

MEIN LEBEN IM BRAUNEN SUMPF DER NEONAZISZENE

riva

Bibliografische Information der Deutschen Nationalbibliothek:
Die Deutsche Nationalbibliothek verzeichnet diese Publikation in der Deutschen Nationalbibliografie; detaillierte bibliografische Daten sind im Internet über http://d-nb.de abrufbar.

Für Fragen und Anregungen:
manuel.bauer@rivaverlag.de

1. Auflage 2012

Nymphenburger Straße 86
D-80636 München
Tel.: 089 651285-0
Fax: 089 652096

Dieses Buch erzählt Manuel Bauers Geschichte aus seiner Sicht. Alle Ereignisse sind wirklich so passiert, jedoch wurde zum Schutz anderer Personen ein Großteil der Namen und wiedererkennbaren Merkmale geändert.

Redaktion: B. Walter
Umschlaggestaltung: Münchner Verlagsgruppe GmbH
Umschlagabbildung: © R. Fischer
Druck: GGP Media GmbH, Pößneck
Printed in Germany

ISBN Print 978-3-86883-239-6
ISBN E-Book (PDF) 978-3-86413-209-4

Dieses Buch ist all den Menschen gewidmet,
die unter meinem blödsinnigen Wahn,
der sogenannten Herrenrasse anzugehören,
gelitten haben.

Inhalt

Freiheit statt Rassenhass und Gewalt
Ein Vorwort von Bernd Wagner, EXIT-Deutschland

Der Jungpionier[1] in einer ostdeutschen Kleinstadt weiß noch nicht, dass er in einem vereinten Deutschland ein Nazi sein wird. Rassistische Gewalt ist ihm noch fremd. Und doch wird er später ein fremdenfeindlicher Schläger, übt im Gelände den militärischen Aufstand und träumt von einer Volksgemeinschaft, in der das Gute gedeihe, von Wohlstand, Gerechtigkeit und Harmonie unter den deutschen Menschen, die er höher gestellt als andere sieht. Er schwelgt in der Kraft der Gruppe, pflegt seinen Hass und prügelt sich für die rassistische und nationale Ideologie durch das Leben und durch die Welt der Feinde, von denen er sich umgeben sieht. Er verschont auch seine Familie nicht, Blut ist eben nicht dicker als Wasser. Die Kameradschaft soll es sein, die Idee, die Sache und die Mission – Vehikel, die fantastisch durch die Zukunft irrlichtern. Sie geben ihm Kraft und Stärke. Manuel Bauer ist also ein Nazi, der Kriminalität als Normalzustand erachtet: als Kampf für die Sache.

Im Gefängnis beginnt er aufzuwachen, Erlebnisse helfen nach. Er sieht sich mehr und mehr als Spielball einer Fiktion, einer Ideologie, die ihm zunehmend als Aufbruch in die Illusion erscheint und ihn menschlich in die Unzufriedenheit und in eine soziale Sackgasse führt. Er hat die Wahl zwischen einer rechtsextremen kriminellen Dauerkarriere und dem Aufbau einer neuen persönlichen Freiheit ohne Rassismus, Volksgemeinschaftswahn und zerstörerische Gewalt. Das ist kein leichter Weg und kein leichter Abschied. Die Vergangen-

1 Die Bezeichnung »Jungpionier« entspricht der offiziellen Klassifikation innerhalb der Pionierorganisation Ernst Thälmann in der ehemaligen DDR; Jungpioniere = 6 bis 10, Thälmann-Pioniere = 10 bis 14 Jahre.

heit ist hartnäckig, sie zerrt an allen Ecken und Enden. Auch die Zukunft birgt ihre Tücken, das Leben ist kein Schlaraffenland. Dennoch entsteht nach und nach ein neuer Manuel Bauer. Er wird feinfühliger, er löst Konflikte auf neue Art, er findet an seinem neuen Leben Gefallen, und er verliebt sich. Er entdeckt neue Fähigkeiten und Interessen. Die Welt hält nun auch Schönes bereit und ist nicht mehr in das Dunkel der Apokalypse getaucht.

Dieser Vorgang wird in der Öffentlichkeit profan als Ausstieg bezeichnet – einst ein Modewort ausgebrannter und sinnsuchender Yuppies und Hippies. Auch der Ausstieg, den Manuel Bauer vollzieht, ist eine Sinnsuche, aber er gestaltet sich anders. Manuel Bauer kann sich nicht einfach zurücklehnen, den Strand genießen, Batikgewänder tragen und den Sonnenuntergang beobachten. Er kommt aus einer Welt des Hasses und der Gewalt, aus einer Lebensanschauung, in der der Mensch keine universelle Würde besitzt. Er wird angefeindet. Ehemalige Kameraden wollen ihn bestrafen, ihn stellen. Er muss aufpassen, vorsichtig sein. Die Opfer haben noch immer Angst, viele misstrauen ihm, missdeuten nicht selten seine Worte, glauben ihm nicht. Manuel Bauer lässt sich nicht beirren. Er warnt in seinen Vorträgen vor seinem früheren Ich, dem brutalen Anhänger des Rassismus, vor seinem einstigen Verständnis der Welt und vor seiner Bewertung der Menschen – wie diese sein sollten und wer wie viel wert oder unwert war. Für manche ist es kaum erträglich, wenn er ungeschminkt seinen Hass und seine Neigung zur Gewalt bekennt und von der Scham erzählt, die er den Opfern gegenüber heute aufrichtig empfindet.

Manuel Bauer fasst im Gefängnis den Entschluss zu seiner Freiheit, die ihn nicht nur aus der Inhaftierung führt, sondern auch zu einem neuen Ich. In dieser Situation spricht er EXIT-Deutschland an, eine Organisation, die Menschen wie ihm seit dem Jahr 2000 hilft. Er schafft es, sich mit Rat und Tat aus seiner rechtsextremen Gruppe zu lösen. Er baut sich schon im Gefängnis eine neue Existenz auf, ver-

sucht alte Konflikte zu lösen, was sehr schwierig ist. Die politische Ordnung muss neu gedacht und neu erlebt werden, die Werte sind andere, und er muss diese bewusst erkennen. Er kann nicht mehr leichtfüßig und leichtgläubig sein, in einer Welt des Scheins und der Doppelbödigkeit ist dies keine leichte Aufgabe. Nicht jeder ist ein guter Freund. So mancher will ihn ausnutzen.
Manuel Bauer sieht sich in der Pflicht aufzuklären, über den Geist des Unmenschlichen, das Gespenst der rechtsextremen Gewalt und der Ausgrenzung. Er will junge Menschen warnen, nicht so zu werden wie er und sich dabei als Mensch zu verlieren. Deswegen präsentiert er sich mit seinen Vorträgen in der Öffentlichkeit. Auch in diesem Buch erzählt er seine persönliche Sicht der Dinge. Der Leser mag entscheiden, welche Informationen und Bilder bedeutsam sind, um Rechtsextremismus und Rassismus als Kräfte zu begreifen, die die universellen Menschenrechte, die Gleichwertigkeit, Freiheit und Würde aller Menschen und die Demokratie für nichtig erklären und angreifen. Der Leser mag beurteilen, was die Persönlichkeit von Manuel Bauer trägt und auch die der anderen Aussteiger aus der rechtsextremen Szene, denn Manuel Bauer ist nur einer jener Aussteiger, die sich 2008 im AKTIONSKREIS bei EXIT-Deutschland zusammenfanden, um aus dem eigenen Erleben heraus ihre Stimme gegen den völkischen, antidemokratischen Hass und die daraus resultierende Gewalt zu erheben.

Berlin, im Juni 2012
Bernd Wagner
Bernd Wagner ist Mitbegründer der Ausstiegsinitiative EXIT-Deutschland und war einer von Manuel Bauers Betreuern.
Mehr Informationen unter www.exit-deutschland.de

1

Von vornherein

Wie oft denke ich an die Zeit zurück, in der ich mit meiner jüngeren Schwester Peggy im Alter von gerade einmal sieben oder acht Jahren eine Perlenkette für den Nikolaus bastelte. Wie oft erinnere ich mich daran, wie unsere jüngste Schwester Stefanie uns immer wieder mit ihren Barbiepuppen »traktierte« und wie schön es war, mit meinem Stiefvater, den ich wie einen leiblichen Vater ansah, auf der Weide zu sein und den Kühen hinterherzujagen. Was für einen Spaß hatten wir Polbitzer Dorfkinder, wenn wir zwischen Strohballen und Büschen Verstecken spielen oder in Drebligar, einem Nachbarort, zur evangelischen Christenlehre gehen konnten. Zu Fräulein Hanke und Frau Schumann.

Wie sehr bewunderte ich einen älteren Schüler, der sich so gut auf Russisch mit den Sowjetsoldaten unterhalten konnte, die in den Sommermonaten mit ihren überlauten Armeelastern durch unser kleines Dorf fuhren, um die Stroh- und Heuballen in den Scheunen aufzustapeln. Und wie gerne spielten wir Jungs mit unseren Vätern auf den Wiesen Fußball …

In dieser Zeit war die Welt für mich noch in Ordnung. Meine Eltern hatten sich einen Moskwitsch gekauft, mit dem wir 120 Sachen fahren konnten. Und ich sehe bis heute meine Mutter vor mir, wie sie immer wieder ein Auge zudrückte, wenn wir Kinder Unfug getrieben hatten. Bis zu meinem elften Lebensjahr war ich – so heißt es zumindest – ein liebenswerter Junge. Ich galt nicht als auffällig, aggressiv oder in irgendeiner Weise anders als die Kinder um mich herum. Als Junge in der ehemaligen DDR ging ich gerne zu den Pionieren, ich liebte es, an allen möglichen und unmöglichen Plätzen Fußball zu spielen, und saß wie alle Kinder meines Alters gebannt vor dem Fernseher, sah den *Sandmann* an und beharrte darauf, noch längst nicht müde zu sein.

Dann trat die politische Wende ein und nahm mir durch die unerbittliche Lawine von Veränderungen, die unser Land überzog, fast alles, was meinem kindlichen Gemüt wichtig war. Und dann kamen die Rechten. Wie ein Krake streckten sie ihre braunen Tentakel in die Schulhöfe und Sportvereine aus. Ehe man sich's versah, war man ein Skinhead geworden und wenig später ein vor Hass und Wut geifernder junger Neonazi.

Was in den Anfängen kindlicher Spaß und der naturgemäße Reiz des Verbotenen war, wurde schon bald zu einer flammenden Überzeugung. Aufgepeitscht durch die aggressiven Klänge und Texte des Rechtsrock, aufgestachelt durch die unermüdliche Ideologisierung innerhalb der rechtsextremen Gruppe und bitter enttäuscht von den brutalen Auswirkungen der sogenannten Wiedervereinigung, wurde aus dem normalen, unauffälligen Jungen irgendwann ein brutaler Schläger, Brandstifter, Dieb und Gewalttäter.

Heute blickt die gesamte Republik erschrocken und entsetzt nach Zwickau und muss fassungslos erkennen, dass der braune Terror in Deutschland eine Dimension erreicht hat, die die Taten der linksextremistischen RAF in vielerlei Hinsicht übersteigt. Sicher, es wurden keine hohen Repräsentanten des Staates ermordet, wie es in den 1970er- und 1980er-Jahren der Fall war. Gleichwohl: Was Uwe Böhnhardt, Uwe Mundlos und Beate Zschäpe in diesem Land angerichtet haben, sprengt jede Vorstellungskraft. Und dass dieses mörderische Trio mehr als zehn Jahre lang fast unbehelligt durch Deutschland ziehen und dabei Menschen erschießen, Bomben zünden und Banken überfallen konnte, lässt uns in der Tat verständnislos erstarren.

Wie konnte diese Verbrechensserie so lange andauern, ohne dass die Ermittler auch nur ansatzweise eine verwertbare Spur aufnehmen konnten? Waren diese drei rechtsextremen Terroristen unheimlich clever oder die Behörden unglaublich dumm?

Ich selbst bin sicherlich nicht die kompetente Instanz, die diese Fragen beantworten kann. Ich weiß aber aus eigener Erfahrung zu berichten, dass Böhnhardt, Mundlos und Zschäpe in der Form agierten, die in der rechten Szene als angemessene und kluge Taktik galt. In neonazistischen Kreisen herrschte eine wichtige Maxime: Schweigen und handeln!

Ohne dass uns die Vorgehensweise der Zwickauer Terrorzelle bekannt gewesen wäre und ohne diese drei Personen jemals kennengelernt zu haben, folgten auch wir in unseren militanten Gruppierungen der innerhalb der rechten Szene gängigen und als möglichst sicher eingestuften Praxis. Keine Bekennerschreiben, wenig Mitwisser und klare Botschaften in Gestalt der verübten Taten.

Ich persönlich war an der Gründung zweier militanter rechtsextremistischer Gruppierungen beteiligt. Ohne uns im Nachhinein größer machen zu wollen, waren wir ähnlich wie das Zwickauer Trio zu allem bereit. In paramilitärischen Ausbildungslagern in Polen und Tschechien geschult, waren wir wild entschlossen, als rechtes Pendant der ehemaligen RAF das Land mit Terrorakten zu überziehen, um auf diese Weise eines Tages einen politischen Umsturz herbeiführen zu können. Das geschah übrigens mithilfe einer ganz legal in Deutschland operierenden Rechtspartei, die unsere Ausbildung zu Gewalttätern und potenziellen Untergrundkämpfern großzügig subventionierte.

Letztendlich war ich nur durch den Arm des Gesetzes zu bremsen, der mich nach einer schlimmen Straftat für einige Zeit aus dem Verkehr zog. Im Gefängnis fand ich zum ersten Mal zur anderen, rechtsstaatlichen Seite Kontakt und gelangte schließlich zu einer toleranteren, versöhnlicheren Überzeugung.

Dieses Buch soll am Beispiel meiner persönlichen Geschichte zeigen, wie der braune Untergrund denkt, wie er operiert und wie er bis in die

Kreise der Polizei und der Justiz hinein vernetzt ist. Es soll verständlich machen, wie aus Kindern und Jugendlichen gemeine Schläger und skrupellose Straftäter gemacht werden. Vor allem aber soll es verdeutlichen, wie der Weg aus dem rechtsradikalen Untergrund hinaus zurück in die Gesellschaft führen kann.

Ich bin diesen Weg gegangen. Er war lang und äußerst steinig und wird wohl nie vollständig abgeschlossen sein. Ein Teil meiner Vergangenheit wird mich immer verfolgen. Als Erinnerung, als schlechtes Gewissen und als tiefe Scham. Wenn dieses Buch es jedoch vermag, junge Menschen vom Rechtsradikalismus abzubringen oder ihnen dabei zu helfen, einen Ausweg aus der perfiden braunen Umschlingung zu finden, dann habe ich wahrscheinlich mehr erreicht, als ein Mensch meines Formats gemeinhin vollbringen kann. Und mehr, als ich mir selbst je zugetraut hätte ...

2

Eine Kindheit in der DDR

Vor Gericht würde ein Strafverteidiger in seinem Schlussplädoyer versuchen, für die unbegreiflichen Taten seines Mandanten eine Erklärung zu liefern. Schließlich will die Öffentlichkeit verstehen, wie es dazu kam, dass ein junger Mann sich so weit von der gesellschaftlichen Norm entfernte, dass er zu einem Schwerverbrecher wurde, der – ideologisch verblendet und moralisch mehr als fragwürdig – von dem Hass auf Fremde und Minderheiten getrieben über Jahre hinweg für Angst und Schrecken sorgte.

Er würde schildern, wie der Angeklagte bereits als Kleinkind unter einem trinkenden, gewalttätigen Vater litt. Er würde von den erdrückenden Umständen im Elternhaus seines Mandanten berichten, von einer schwachen, wehrlosen Mutter, von Kindern, die aus lauter Angst bis in ihre Schulzeit hinein Bettnässer waren. Er würde von Ausreißversuchen erzählen, von trügerischen Idyllen und verzweifelten autoaggressiven Hilferufen, von Alkohol und Drogen. Er würde das Versagen der Behörden und der Gesellschaft beschreiben und das fast schutzlose Scheitern eines jungen Menschen, der nun – als Brandstifter, Dieb, Schläger, Erpresser – die Verantwortung für ein Leben tragen muss, das ihm sein Umfeld geradezu aufgezwungen hat.

Das in etwa würde ein Strafverteidiger tun und dafür müsste er noch nicht einmal ein besonders guter Jurist sein. Das ist solides Handwerk – Tag für Tag unzählige Male in Gerichtssälen weltweit vorgetragen. Es ist der hilflose Versuch zu erklären, was eigentlich nicht zu erklären ist, denn schließlich ist nach allem, was die Wissenschaft bis heute in Erfahrung bringen konnte, noch kein Baby als Mörder,

Gewalttäter oder Sexualstraftäter zur Welt gekommen. Ungeachtet der genetischen Mitgift starten alle Neugeborenen unter ähnlichen Voraussetzungen ins Leben. Was aus ihnen später einmal wird – ob ehrbarer Richter oder verabscheuungswürdiger Verbrecher –, zeigt sich erst sehr viel später. Die Schilderung einer kaputten, abseits jeder Norm liegenden Kindheit und Jugend mag vieles besser verständlich machen, sie wäre in meinem Fall aber leider gelogen.

Nein, mein Vater, der eigentlich mein Stiefvater ist, hat mich nicht geschlagen. Er hat nicht getrunken, er hat auch meine Mutter oder meine Geschwister nicht misshandelt – er war ein einfacher, anständiger Mensch, der mit all seiner Kraft zu jeder Zeit versucht hat, mir und meiner Familie ein gutes Zuhause zu bieten.

Geboren wurde ich im Januar 1979 in Torgau an der Elbe. Nach der Trennung meiner Mutter von meinem Vater wuchs ich ab dem Alter von drei Jahren in Polbitz auf. Polbitz wird man auf der Karte nur schwer finden. Es war damals ein Ort mit gerade einmal 40 Einwohnern. Es gab dort einige Bauernhöfe, einen kleinen Laden und eine Landwirtschaftliche Produktionsgenossenschaft, in der meine Eltern als Viehwirtschafter unseren Lebensunterhalt verdienten. Meine Schule lag ein paar Kilometer entfernt in Dommitzsch. Die nächstgrößere Stadt mit damals rund 22 000 Einwohnern war Torgau.

Meine Eltern hatten für rund 70 Ostmark von der LPG einen nach dem Zweiten Weltkrieg von seinen Besitzern zwangsenteigneten riesigen Hof gemietet, in dem mein Vater jeden Morgen zunächst das dort untergebrachte Vieh des staatlichen Unternehmens versorgte, bevor er für den Rest des Tages zusammen mit meiner Mutter in dem Hauptbetrieb der LPG seiner Arbeit nachging. Wir Kinder indes – ich habe noch zwei jüngere Schwestern – gingen in Dommitzsch zur Schule und verbrachten die Nachmittage in einem Hort.

Ich will, so ungewöhnlich das auch klingen mag, von einer schönen, harmonischen Kindheit sprechen, die von einer ruhigen, friedvollen

Atmosphäre in meinem Dorf wie auch in meinem Elternhaus geprägt war. Bis heute erinnere ich mich gut daran, wie in unserer Familie das gemeinsame Abendessen, das geradezu heilig war, mit Beständigkeit zelebriert wurde: Ein fester Punkt des Tages, an dem man sich austauschte, von seinen Erlebnissen berichtete und der Familie, die tagsüber getrennt war, eine gewisse Einheit verlieh.

Nach dem Abendessen kam es häufig noch zu einem gemeinsamen Spaziergang mit dem Hund, bevor wir Kinder den zu DDR-Zeiten nicht wegzudenkende *Sandmann* sehen durften. Am Ende der Sendung hielten wir uns immer Kissen vor die Augen, damit wir von dem Sand verschont bleiben würden, der uns müde machen sollte. An manchen Abenden wurde uns erlaubt, heimlich und unter strengster Vertraulichkeit *Matlock* anzusehen. Die Serie konnten wir verfolgen, weil mein Vater verbotenerweise die Antenne so installiert hatte, dass wir Westfernsehen empfangen konnten.

Bis zum Jahr 1989 herrschte größere Aufregung in meiner kindlichen Welt eigentlich nur im Vorfeld des jährlich stattfindenden Pionierlagers, auf das ich mich stets ungemein freute und das meinem Leben jene Weitläufigkeit gab, die im Westen wohl als Reisefreiheit bezeichnet wurde. Meine persönliche Reisefreiheit, meine große Freiheit überhaupt, war dieses Lager, in dem es nach Abenteuer roch und wir Jungpioniere, nach der Farbe unserer Halstücher eingeteilt, eine wilde, aufregende Zeit erlebten, für die keine Lira oder Peseten notwendig waren. Es war Ausland und Fernreise innerhalb Sachsens mit Lagerfeuerromantik und ein paar versteckten Tränen aus Heimweh unter dem Schlafsack.

Dann kam die Zeit vor der Wende, an die ich mich noch sehr gut erinnern kann. Unsere kleine Ortsgemeinschaft traf sich abends beim Dorfladen, wo die Erwachsenen ihr Feierabendbier tranken und hinter vorgehaltener Hand politisierten. Es war eine schöne, aufregende Zeit, denn wir Kinder durften an diesen lauen Sommerabenden endlich ein wenig länger aufbleiben, ohne zu verstehen, was sich in Berlin, Bonn, Washington und Moskau hinter den Kulissen wirklich abspielte.

1990, ich war mittlerweile in der vierten Klasse, wurde uns plötzlich mitgeteilt, dass wir unsere roten Halstücher und die dazugehörenden Pionieruniformen nicht mehr tragen sollten. Diese Anweisung war für mich mit meinen zehn Jahren schwer zu verstehen, sie war jedoch der Startschuss für ein neues, verändertes Leben, unter dem ich in der Folgezeit noch viele Male leiden sollte.

Im Grunde ging von da an alles sehr schnell, und die Erbarmungslosigkeit der Umwälzungen raubte schon bald einem Großteil der Menschen um mich herum die Euphorie und die Freude über den lange herbeigesehnten politischen Zusammenschluss.

Zu den ersten gravierenden Einschnitten in meinem Leben zählte die Streichung des Pionierlagers. Durch diese Maßnahme, die aus der Sicht der Erwachsenen sicherlich ihre ideologische Berechtigung hatte, wurde mir mit einem Schlag etwas genommen, auf das ich mich, seit ich mich erinnern konnte, in etwa genauso gefreut hatte wie auf Weihnachten und meinen Geburtstag. Obwohl es mir nie wirklich gefallen hatte, an den Pioniernachmittagen und Feiertagen die offizielle Uniform tragen zu müssen, waren mir die Lager und Treffen in all den Jahren heilig gewesen.

Gleichzeitig – und das entging auch dem unbedarften Blick eines Jungen nicht – fing es in meinem kleinen Mikrokosmos an allen erdenklichen Stellen buchstäblich an zu bröckeln. Der Pionierpark, der neben unserer Grundschule lag, verfiel von Woche zu Woche mehr. Dann wurde der Schulgarten aufgegeben, in dem wir Kinder unter der Anleitung der Lehrer in den ersten Jahren Gemüse und Obst angepflanzt hatten. Innerhalb von wenigen Monaten wurde vieles, was ich bis dahin kannte, dem unaufhaltsamen, schleichenden Verfall preisgegeben.

Auch das Schulgebäude selbst schien nur mehr wenig gepflegt zu werden. An den nicht mehr richtig funktionierenden Toiletten und dem bröckelnden Putz wurde eine gewisse Verwahrlosung sichtbar. Alles, was zu DDR-Zeiten, wenn auch zum Teil auf primitivem Niveau, am Leben erhalten worden war, schien nun rasant abzusterben.
Natürlich weiß ich heute, dass viele öffentliche Gebäude bereits in sozialistischer Zeit in einem erbärmlichen Zustand waren und nur mit einfachsten Mitteln funktionstüchtig gehalten wurden. Sie erinnerten oft an die Potemkinschen Dörfer, die man aus Büchern kannte. Aber es hatte funktioniert. Irgendwie. In dem Moment jedoch, in dem jede Anstrengung, diese Fassade aufrechtzuerhalten, eingestellt wurde, brach vieles im wahrsten Sinne des Wortes zusammen. Und zu allererst brachen die Illusionen der Bewohner ein.
Der Verfall betraf auch mich und meine Familie. Als Erstes erwischte es meinen Großvater, der bereits 1990 seine Arbeit verlor. Der Ochsenstall, in dem er über viele Jahre hinweg seinem Dienst nachgegangen war, wurde aufgelöst. In dem Laden, in dem mein Großvater einkaufen ging, lagen nun Bananen und Orangen in Hülle und Fülle, aber das Geld, das ihm als Arbeitslosen zur Verfügung stand, reichte nicht aus, um sich diesen Luxus leisten zu können.
Auf den Schulbänken und in den Straßen unseres Dorfes wurde es immer lichter. Freunde von mir verschwanden, weil viele Familien der neu gewonnenen Freiheit misstrauten und aus Angst, die Grenzöffnungen könnten wieder rückgängig gemacht werden, in die alten Bundesländer übersiedelten. Andere wiederum sahen für unseren ehemaligen kleinen Arbeiter- und Bauernstaat keine Perspektive mehr, was sich – zumindest in den ersten zehn Jahren nach der Wiedervereinigung – ja leider auch bestätigte. Diese Erklärungen gaben mir meine Eltern, wenn ich wieder einmal traurig vor ihnen stand und sie fragte, warum erneut gute Freunde weggezogen waren.

Als Nächstes machte der Tante-Emma-Laden – der sogenannte Konsum – in Polbitz zu. Auch der Kindergarten in Drebligar, den ich bis zur Einschulung besucht hatte, wurde geschlossen. Dann stand eine Familie aus Kassel vor unserer Haustür und erklärte, dass der Dreiseithof, in dem wir seit Jahren lebten, von Rechts wegen ihnen gehörte. Die Wolken, die Tag für Tag über uns aufzogen, schienen immer dunkler zu werden.

Meine Eltern konnten sich nach längeren Verhandlungen mit den vormals zwangsenteigneten Hausbesitzern auf eine Kaufsumme einigen, und da beide noch immer in dem landwirtschaftlichen Betrieb arbeiteten, war es kein allzu großes Problem, bei der Bank einen Kredit zu bekommen und diesen angesichts eines geregelten Einkommens abzubezahlen. Dann jedoch verloren auch meine Eltern ihre Arbeitsplätze – der Kuhstall der ehemaligen LPG wurde geschlossen. Nun hatten wir ein riesiges Gehöft, 35 000 Mark Schulden und kein Geld, um eigenes Vieh zu kaufen und um den Bankkredit ohne Weiteres zu tilgen. Innerhalb weniger Monate wurde aus dem harmonischen Familienleben auf dem Lande eine von Ängsten und Kummer überschattete Existenz in einer neuen Welt, die so vieles versprochen und so wenig gehalten hatte.

Um es auf einen kurzen und einfachen Nenner zu bringen: Mit der Wende wurde mir fast alles genommen, was mir als Kind in jener Zeit wirklich wichtig war: die Pionierorganisation, viele Freunde, die Arbeit meiner Eltern und damit auch die unbeschwerten Familienabende. Aus der Sicht eines kleinen Jungen, der noch kein ausgeprägtes politisches Verständnis besitzt, waren diese Veränderungen durchaus umfangreich.

Mein Vater fand zu unserer großen Erleichterung schon bald einen Job als Fahrer für einen Schlachthof, und meine Mutter konnte zwischenzeitlich an der Kasse eines Supermarktes arbeiten. Die Sorge, den Kredit nicht abbezahlen zu können, war somit erst einmal beiseitegeschoben. Aber die Harmonie kehrte nach der Wende nie wieder in unsere Familie und in mein damaliges Leben zurück.

3

Die ersten Glatzen

Nachdem mit dem äußeren Verfall um mich herum im Jahr 1991 auch meine schulischen Leistungen rapide abnahmen, wurde ich bereits in der fünften Klasse zurückgestuft und musste das Schuljahr wiederholen. Ich gehörte dem Hauptschulzweig der Polytechnischen Oberschule Dommitzsch an und besaß – auch aufgrund der Auflösung des Klassenverbandes innerhalb des neuen gegliederten Schulsystems – fast keinen Halt mehr. Nun soll dieses Phänomen, das alle Kinder nach der Beendigung der Grundschule betrifft, aber nicht als Entschuldigung für spätere Irrwege gelten – es ist lediglich eine Beschreibung dessen, was ich zu jener Zeit fühlte und erlebte.
Mit Ausländern war ich bis zu diesem Zeitpunkt noch nicht in Kontakt gekommen und hatte demzufolge auch keinerlei Vorbehalte. Ich besaß nicht einmal eine Meinung dazu, weil ich mich mit diesem Thema bislang überhaupt nicht beschäftigt hatte. Eine meiner Tanten, die in unserer Familie als etwas ausgeflippt und exotisch galt, hatte Anfang der 1990er-Jahre einen Mann aus Mosambik geheiratet. Ich erinnere mich noch gut daran, wie ich eines Tages mit meinem Vater und diesem Mann zu dem Asylbewerberheim gefahren bin, in dem dieser bis zu seiner Hochzeit gelebt hatte. Wir halfen ihm dabei, seine Sachen abzuholen, und von diesem Besuch gibt es heute noch ein Foto. Es zeigt mich, wie ich einen kleinen, süßen schwarzen Jungen auf dem Arm halte und schüchtern in die Kamera blicke – schmächtig und mit der damals üblichen Topffrisur. Es sollte eine der letzten Aufnahmen bleiben, die mich als normalen Jungen zeigten, denn nur wenig später veränderte sich mein Aussehen signifikant. Und nicht nur mein Aussehen ...

Es muss 1992 gewesen sein, als in meiner Schule zum ersten Mal ein Junge mit Glatze auftauchte. Er war ein oder zwei Klassen über mir und trat plötzlich mit kahl geschorenem Kopf, Bomberjacke und schweren schwarzen Stiefeln auf den Schulhof. Der Junge wurde angestarrt, als käme er aus einer anderen Welt. Zunächst konnte niemand richtig einordnen, was es mit diesem neuen Erscheinungsbild auf sich hatte.

Selbstverständlich hatte man zu dieser Zeit bereits Bilder im Fernsehen gesehen, die Aufmärsche von Neonazis zeigten, und der Junge auf dem Schulhof ähnelte in seinem Aussehen diesen Rechtsradikalen. So richtig Bescheid wusste in meiner Klasse aber niemand. Wir Jungs waren uns allerdings in einem einig: Das martialische Auftreten dieses Skinheads beeindruckte uns in irgendeiner Weise. Der Haarschnitt, die Jacke, die Stiefel – der Junge fiel auf, und ihn umgab eine schwer zu definierende Aura des Respekts. Oder der Angst.

In meiner Familie und auch im Bekanntenkreis meiner Eltern hatte Politik nie eine große Rolle gespielt. Nun stellte ich fest, dass in zunehmendem Maße schlecht über die Russen gesprochen wurde. Es schien, als hätte plötzlich jeder etwas über die Russen zu sagen, und fast alle erweckten den Anschein, persönlich – egal in welcher Form – negative Erfahrungen mit ihnen gemacht zu haben.

Auch unser Besuch in dem Asylbewerberheim wurde hin und wieder thematisiert, allerdings nicht in von vornherein negativ besetzter Weise. Diese Gespräche waren frei von übertriebenem Eifer und bar jeder Hetze. Trotzdem beinhalteten sie eine Beobachtung, die auch ich als damals erst Elfjähriger gemacht hatte: Von außen betrachtet schien es den Menschen in diesem Wohnheim nicht schlecht zu gehen. Auf den Dächern der einzelnen Unterkünfte waren Satellitenschüsseln angebracht, vor den Häusern brutzelten Grills, die Menschen waren fröhlich, bunt gekleidet und trugen Turnschuhe von Adidas. Bei uns zu Hause dagegen war die Stimmung häufig trüb, obwohl meine Eltern stets bemüht waren, Probleme von uns Kindern fernzuhalten. Gegrillt wurde bei uns zwar manchmal auch, aber auf dem Dach stand noch immer die alte Antenne mit ihrem eingeschränkten Empfang, und Adidas-Schuhe gab es in meiner Familie auch nicht. Gerade dies waren aber die für alle sichtbaren neuen Statussymbole. Adidas, Puma und Nike – das waren die Insignien für die neu erlangte Freiheit, die letztendlich auf wenigen Äußerlichkeiten beruhte. Es brodelte also auch bei uns zu Hause, ohne dass ich wirklich gewusst hätte, worum es dabei ging.

Die Verwirrung wurde nicht weniger, da ich in diesen Tagen allerorten Gespräche aufschnappte, in denen die DDR und der Sozialismus äußerst negativ dargestellt wurden. Ob man nun den Fernseher einschaltete oder beim Bäcker wartete, bis man an die Reihe kam – fast überall wurde von der schlimmen alten Zeit erzählt, dem Unrechtsregime der DDR und davon, wie schlecht es den Menschen vor der Wende doch eigentlich gegangen sei. Das konnte ich weder verstehen noch nachvollziehen, denn für mich war mit der Wiedervereinigung im Grunde alles schlechter geworden. Wir besaßen zwar nun die sogenannte Reisefreiheit, aber nicht die Freiheit, also das Geld, dieses Privileg in Anspruch zu nehmen. Und ganz nebenbei: Mit dieser neu gewonnenen Freiheit konnte man einen elf- oder zwölfjährigen Jungen nicht locken. Der sah seine persönliche Freiheit immer weiter schwinden und fand darauf nur eine Antwort. Diese stand auf den Plakaten der DVU und der NPD: Arbeit für Deutsche! Die Plakate spiegelten die Grundeinstellung der Menschen wider, die sich immer schneller verbreitete. Die Parolen waren immer dieselben: Scheiß-Wiedervereinigung, Scheiß-Westen, Scheiß-Ausländer und Scheiß-Besatzer – wobei mit den Besatzern nicht selten die Großgrundbesitzer aus den alten Bundesländern gemeint waren, die in der ehemaligen DDR munter auf Enteignungstour waren ...

An der Schule schienen immer mehr Jungen dem ersten Skinhead zu folgen. Erst waren es zwei, dann drei, und dann begannen auch schon

die ersten Freunde aus den Pionierlagern den neuen Haarschnitt zu tragen. Freunde. Jungs, die ich kannte und die ich auch mochte.
Im Dorf und in der Schule wurden die Geschichten, die man sich erzählte, immer schlimmer. Man hörte von Klassenkameraden, deren Eltern nur noch zu Hause herumlungerten und bereits am frühen Morgen Alkohol tranken. Die Mutter eines Schülers, so hieß es, war über Nacht abgehauen und hatte ihren Mann und die drei Kinder im Stich gelassen. Man sah Dorfbewohner, Nachbarn, die zu DDR-Zeiten Ansehen genossen hatten und nun auf der Straße lebten und um Geld bettelten. Ich persönlich kann es nicht beurteilen – vielleicht wurde die Zeit nach der Wende in Städten wie Berlin mit mehr Würde und Zuversicht begangen. In der tiefen Provinz Sachsens, so kam es mir vor, schlug die politische und gesellschaftliche Errungenschaft mit aller Härte zu. Die Wahlplakate der rechtsextremen Parteien trafen exakt den Nerv der Landbevölkerung, und das, obwohl es in Polbitz und Dommitzsch so gut wie keine Ausländer gab. Der Hass war da, bevor die Ausländer ankamen. In dieser Hinsicht hatten DVU und NPD ganze Arbeit geleistet.
Und dann war da also dieser Junge aus der siebten Klasse, dessen Gefolgschaft von Woche zu Woche wuchs. Einer der Anhänger hatte sich mit einem Edding den Slogan »Kraft für Deutschland« auf seine Jeansjacke geschrieben – es war der Titel eines Liedes der Rechtsrock-Band Störkraft. Die Jungen mit ihren Glatzen und Bomberjacken wurden auf dem Schulhof ehrfürchtig aus den Augenwinkeln beobachtet. Man machte ihnen Platz, wenn sie in der Gruppe einhermarschiert kamen, und es dauerte nicht lange, bis hinter vorgehaltener Hand geflüstert wurde, dass sie nicht lange fackelten, bevor sie zuschlugen. Da ich einige der Skinheads kannte, fiel es mir nicht schwer, mit der Gruppe ins Gespräch zu kommen. Ich sagte ihnen, dass ich ihr neues Äußeres – von Outfit durfte man nicht sprechen, da der Ausdruck als imperialistisch galt – beeindruckend fände, und wurde

prompt gefragt, ob ich ein Kommunist sei, da ich noch derart DDR-mäßig in Erscheinung träte.
Ein Kommunist. In jener Zeit war das ein Schimpfwort und gleichzeitig Ausdruck der vorherrschenden politischen Verwirrtheit. Den Vorzügen der ehemaligen DDR wurde zwar ständig hinterhergetrauert, andererseits wurde es als schlimme Beleidigung empfunden, wenn man als Kommunist bezeichnet wurde. Man erfreute sich zwar der Vorzüge, die der Westen zu bieten hatte, wertete die alten Bundesländer jedoch als imperialistisch ab, wann immer Nachteile aus der Wiedervereinigung entstanden. Im Schulunterricht wurden die tiefen Abgründe, in die der Faschismus geführt hatte, verdeutlicht, andererseits wurden Glatzen getragen und Adolf Hitler, Hermann Göring oder Rudolf Hess gefeiert. Man lobte Deutschland, verabscheute aber die BRD. Ich lebte als junger Mensch in einer Welt aus Widersprüchlichkeiten und Absurditäten, ohne diese genau zu durchschauen. Und am Ende zählte dann nur eines: Die Glatzen galten – imperialistisch gesprochen – als cool. Nicht mehr und nicht weniger. Und zu den Coolen wollte man gehören, ganz egal, was dahintersteckte.

4

Die Verwandlung

Das Bild auf dem Schulhof veränderte sich ständig. Waren wir am Anfang noch eine fast homogene Masse von Schulkindern – mit Kleidung aus der Zeit vor oder nach der Wende und brav gescheitelt –, traten nun immer mehr Extreme auf. Da war zum einen die zunehmende Zahl an Glatzen, zum anderen bildete sich eine kleine, aber hartnäckige Gruppe von Punks heraus. Wie ausgeprägt der politische oder ideologische Unterbau der beiden völlig konträren Erscheinungsbilder war, vermag ich nicht zu beurteilen, ich hege aber den Verdacht, dass es zunächst modische und optische Beweggründe waren, die die ehemalige DDR-Jugend nach links oder rechts driften ließen.

In meinem persönlichen Umfeld jedoch konnte ich beobachten, dass allein aufgrund der unterschiedlichen Haartracht in kürzester Zeit langjährige Freundschaften begraben wurden. Jungs, die in den Pionierlagern noch wie zusammengeschweißt waren, standen sich mit einem Mal auf dem Schulhof als Feinde gegenüber und hatten sich außer abfälligen Bemerkungen nicht mehr viel zu sagen.

Ich selbst war in dieser Phase hin- und hergerissen. Gehörte ich nun zu den Skinheads, den Punks oder zu der weitaus größeren Menge der »normalen« Kinder? Alles, was ich wusste, war, dass ich das Zusammengehörigkeitsgefühl und die Geborgenheit aus der Zeit der Pionierorganisation vermisste. Und ich musste zusehen, wie sich immer mehr meiner Freunde mit kahl geschorenen Köpfen auf dem Schulhof zusammentaten.

Dann drückte mir eines Tages einer der Skinheads eine Kassette in die Hand. Störkraft stand darauf, und ich wusste zunächst nicht, was das zu bedeuten hatte. Auf der Kassette waren Titel wie »Dreckig, kahl und hundsgemein« oder »Die Rache sei dein«. Was ich in den deutschen Liedtexten zu hören bekam, passte zu den Aussagen, die ich auf dem Schulhof aufschnappte. Außerdem beobachtete ich, wie die Glatzen in der Schule eine Einheit bildeten und sich zu einer Gruppe zusammenschlossen, die mir seit dem Ende meiner Pionierzeit so sehr fehlte. Ich war angefixt, und es war nur noch eine Frage der Zeit, bis ich den letzten, entscheidenden Schritt tun würde. Eines war mir zu diesem Zeitpunkt allerdings klar: Den Punks hätte ich mich niemals angeschlossen.

Die Glatzen besaßen Respekt in der Schule, was Jungen im Alter von elf oder zwölf Jahren naturgemäß beeindruckte. Wenn eine Gruppe Skins über den Hof oder den Flur entlangmarschierte, traten die anderen Schüler ehrfürchtig zur Seite. Man verzog sich und versuchte, nicht aufzufallen – Hauptsache, die Glatzen ließen einen in Ruhe. Und ein Gesetz stand ganz weit oben: Nur nicht glotzen, tuscheln oder spotten. Wer diesen Fehler einmal gemacht hatte, beging ihn nie wieder ...

Für mich stand irgendwann fest, dass auch ich – nachdem ich schon mehrfach von meinen Freunden angesprochen worden war – mir die Haare abrasieren würde. Es war Mode, und ich wollte nicht länger zu den langweiligen Außenseitern gehören, die von ihren Eltern gleichsam uniformiert in die Schule geschickt wurden. Also ging ich eines Tages nach einer Klassenfahrt auf einen der Skinhead-Anführer zu und bat ihn, mir die Haare zu scheren. Wie ich diese neue Frisur meinen Eltern erklären würde, verdrängte ich in diesem Moment. Aber eines war klar: Es würde richtig Ärger geben!

»Hässlich, idiotisch, wie ein Nazi!« – das waren die harmlosesten der Beschimpfungen, die mir zu Hause entgegenschlugen, als ich meinen ersten Auftritt mit Glatze hatte. An einen Kommentar meines Stiefvaters erinnere ich mich besonders gut. Er sah mich kopfschüttelnd an, zog eine Augenbraue hoch und raunte: »Du siehst aus wie ein polnischer Busfahrer!«

Ich war gerade einmal 13 Jahre alt und hatte mich – zumindest optisch – einer radikalen Gruppierung zugewandt, die bereits durch tödliche Brandanschläge auf Asylbewerberheime und durch andere gewalttätige Übergriffe auf Ausländer und Linke in die Schlagzeilen geraten war. Ich war 13 Jahre alt und ein Neonazi geworden. Ein einfacher Rasierapparat hatte am Ende für den verhängnisvollen Gesinnungswandel gesorgt ...

Der erste Tag in der Schule war weitaus weniger aufregend. Hatte ich vielleicht erwartet, dass mein neues Aussehen für Furore sorgen würde, wurde ich bitter enttäuscht. Was für mich etwas völlig Außergewöhnliches und Abgefahrenes war, bewegte in meiner Schule kaum jemanden. Es schien schlichtweg zur Normalität zu gehören, dass sich ein bis zum Vortag völlig unauffälliges, durchschnittliches Kind über Nacht in einen kahlköpfigen Neonazi verwandelte.

Es gab kein Aufnahmeritual, keine Prüfungen oder Mutproben, um bei den Starken auf dem Schulhof Anschluss zu finden. Alles, was man brauchte, waren ein bestimmter Haarschnitt und die Akzeptanz jener, die schon etwas länger dazugehörten. Die Glatze war meine Eintrittskarte in die rechtsradikale Welt. Und ich konnte zu diesem Zeitpunkt naturgemäß nicht ahnen, wie tief ich in diese Szene noch vordringen würde.

Ich trug noch dieselbe Kleidung. Mein Äußeres unterschied sich nur durch den Haarschnitt, und doch änderte sich von diesem Tag an sehr viel. Schon in der ersten Pause war es mir ohne Weiteres gestattet, mit den anderen Glatzen – den Starken – zusammenzustehen, und direkt nach der Schule ging es im Pulk zum Bahnhof, wo man bei Pommes und Cola ohne jeden Grund damit anfing, andere Schüler anzupöbeln und zu provozieren. Das ging ganz automatisch – dafür bedurfte es keiner großen Worte oder Gesten. Obwohl ich mich in der Anfangsphase noch etwas unsicher fühlte und eher ein Mitläufer war, hatte ich mit der bloßen Veränderung meiner Haartracht wieder das gefunden, was ich zuletzt so sehr vermisst hatte: eine Gruppe.

Mit der neuen Frisur und der neuen Gruppe war mit einem Mal auch mein Selbstbewusstsein gestiegen. Ich hatte auch vorher nicht als Schwächling gegolten und war durchaus in der Lage gewesen, im Freundeskreis meinen Standpunkt zu vertreten oder meinen Willen durchzusetzen. Ich war in meiner Klasse beliebt und hatte es zum stellvertretenden Klassensprecher gebracht. Es war also beileibe nicht so, als hätte ich mich allein über meine Glatze definieren müssen. In dieser Gruppe von Skins jedoch wuchs man von einem Moment auf den anderen – ohne Muskeltraining und ohne Mutproben – geradezu über sich hinaus und bekam ein völlig neues Selbstwertgefühl. Man war plötzlich mutiger, stärker und mächtiger – als hätte man sich eine Maske oder eine Rüstung übergestreift, die das Umfeld in Angst und Schrecken versetzte.

Die Menschen, ob jung oder alt, betrachteten uns ganz offenkundig mit Furcht und Respekt, dabei waren wir im Grunde kaum mehr als Milchbubis, die einen auf dicke Hose machten. Doch wenn wir in den Nachrichten Berichte über Aufmärsche von Neonazis sahen, erkannten wir, dass die Kerle, die schreiend, singend und grölend von der Polizei eskortiert durch die ostdeutschen Städte marschierten, aussahen wie wir. Oder besser: Wir sahen aus wie die Jungs im Fernsehen, vor denen alle Welt Angst hatte. Und das nur, weil wir uns die Haare abgeschnitten hatten. Es gab wohl kaum einen einfacheren Weg, es in diesem Alter schon zu etwas zu bringen ...

Egal, welches Programm man einschaltete, überall waren Anfang der 1990er-Jahre Gruppen von jungen kahl geschorenen Männern zu sehen, die in großen Teilen der Bevölkerung Furcht und Schrecken verbreiteten. Das konnte doch nicht so schwer sein, dachten wir und probierten es einfach aus, indem wir marodierend durch die Straßen zogen, mit Knüppeln und Totschlägern auf Autos und Verkehrsschilder eindroschen und mit unseren Stiefeln die Außenspiegel von parkenden Wagen wegtraten.

Wenn wir irgendwo zusammen auftauchten – im Bahnhofslokal oder an der Imbissbude –, verstummten die Gespräche der anwesenden Gäste. Es wurde still, nur weil eine Gruppe Jugendlicher den Raum betrat. Von den 17- bis 18-Jährigen abgesehen, waren die meisten von uns im Grunde noch Kinder. Man kann sich kaum vorstellen, wie dieses Machtgefühl auf unsere naiven Seelen wirkte.

Kurz vor meinem 14. Geburtstag bekam ich meine ersten Springerstiefel geschenkt. Es waren die ausgetretenen Schuhe des Anführers der Dommitzscher Glatzen. Ähnlich wie der kahl geschorene Kopf veränderten diese Stiefel nicht nur mein Aussehen, sondern auch mein Wesen. Die Schuhe mit den harten Stahlkappen waren wie Waffen, die nur darauf warteten, eingesetzt zu werden. Aber zu meiner vollständigen Verwandlung in einen Skinhead bedurfte es noch einer Bomberjacke – neben Stiefeln und Glatze das wichtigste Erkennungsmerkmal unserer Gruppe.

Meine Eltern, die es immer noch nicht fassen konnten, dass ihr Sohn im Begriff war, in die rechte Szene abzurutschen, lehnten meine Bitten natürlich ab. Sie weigerten sich beharrlich, mir für ein solches Kleidungsstück Geld zu geben. Also lieh ich mir von zwei Kameraden – so nannten wir uns untereinander – 70 Mark und kaufte im ersten Szeneladen Torgaus eine grüne Jacke mit Tarnmuster. Heute, im Rückblick und mit ein wenig Distanz, erstaunt es mich noch immer, wie schnell diese Entwicklung in der Zeit nach der Wende vonstattenging. Ich meine damit nicht nur meine persönliche Verwandlung von einem zwölfjährigen Kind in einen rechtsradikalen Skinhead, sondern auch das Erstarken der Szene im Allgemeinen. Es ist kein Zufall, dass in einer Kleinstadt wie Torgau wenige Jahre nach der Wiedervereinigung ein Laden eröffnete, in dem sich Neonazis mit Kleidung, Büchern, Flaggen und allerhand Propagandamaterial eindecken konnten. Ganz zu schweigen von den »Sportartikeln«, die dort in großem Umfang erhältlich waren: Baseballschläger, Messer und Handschuhe mit Quarzsandpolsterung. Der Laden hatte nicht nur über viele Jahre hinweg Bestand, ich bin auch fest davon überzeugt, dass die Besitzer in all der Zeit ein gutes Geschäft machten. Die braune Ware wurde dort angeboten, wo der Kunde zu Hause war. Und das scheint neben vielen anderen Orten in der ehemaligen DDR eben auch Torgau an der Elbe gewesen zu sein ...

Die Klamotten vermochten aus schmächtigen Jungen in null Komma nichts gestandene Burschen zu machen. Die Stiefel waren groß und hatten etwas höhere Sohlen und Absätze, unter den aufgeplusterten Ärmeln der Bomberjacken schienen sich muskelbepackte Oberarme zu verbergen. Alles in allem überhöhte dieses martialische Outfit unseren Stellenwert und machte uns zu dem, was wir sein wollten: zu einer Horde junger Männer, vor der man sich in Acht nehmen musste.

Ich kann mich noch gut daran erinnern, in dieser Zeit mein erstes Bier getrunken zu haben. Ich muss etwa 13 Jahre alt gewesen sein. Ein Mitglied unserer Gruppe hatte den Film *Romper Stomper* besorgt, in dem Russel Crowe den Anführer einer Bande von australischen Neonazis spielt. Der Film veranschaulicht die Gewalt und Brutalität, die von den Skinheads ausgingen, sehr deutlich, und bis heute habe ich diesen Kerl aus unserer Gruppe vor Augen, der sich bei einer brutalen Prügelszene immer wieder die Bierdose gegen die Stirn schlug und während ihm langsam das Blut vom Kopf rann vor sich hin raunte: »Ich will das auch! Ja, macht diese Dreckskanaken und Scheiß-Fidschis fertig! Kommt, lasst uns alle Assis und Zecken kaputt machen!«

Der Film steht heute in Deutschland auf dem Index, zu meiner Zeit hatte er in unseren Kreisen Kultcharakter.

5

Einer von vielen

Als ich im sechsten Schuljahr war, bestand meine Klasse aus rund 30 Schülern. Von den 17 Jungs waren mindestens neun der rechten Szene zugewandt. Dazu kamen noch vier Mädchen, die sich dieser Orientierung ebenfalls zugehörig fühlten. Folglich war in etwa die Hälfte meiner Klasse rechts. Und das im sechsten Schuljahr! Ein bis zwei Schüler bezeichneten sich damals als links, der Rest war gewissermaßen politisch neutral oder einfach nur orientierungslos.

Dieses Zahlenverhältnis soll nicht als Entschuldigung für meinen Werdegang gelten, aber durchaus verdeutlichen, wie sich große Teile der nach der Wende orientierungslosen Jugend der ehemaligen DDR entwickelten. Selbstverständlich hatte es auch in DDR-Zeiten an geschichtlicher Aufklärung im Schulunterricht nicht gemangelt. Wir wussten, welche Auswirkungen der Faschismus des Dritten Reichs auf große Teile der Welt gehabt hatte. In den Anfängen – so lange, bis die rechte Propagandamaschinerie auch in unserer Gruppe erste Wirkung zeigte – war es auch mit Sicherheit nicht leicht, über die zwischen 1933 und 1945 von den Nazis verübten Verbrechen hinwegzusehen. Aber das stand zu dieser Zeit nicht im Vordergrund. Viel bedeutender war, dass man Anfang der 1990er-Jahre als Glatzkopf beileibe nicht einer Minderheit angehörte. Im Gegenteil: Man war einer von vielen. Und zwar einer von sehr vielen.

Unsere Gruppe an der Schule wuchs von Woche zu Woche, und es wurde bald klar, dass wir einen Platz benötigten, an dem wir uns regelmäßig treffen konnten. Wie die Aktion genau durchgeführt wurde – ob ein Strohmann eingeschaltet wurde oder eine andere Finte zum

Erfolg führte –, vermag ich nicht mehr zu sagen, auf jeden Fall aber bekamen wir von unserem Schuldirektor auf dem Gelände des einstigen Pionierlagers einen alten Geräteschuppen zur Verfügung gestellt, den wir als Jugendclub deklariert als Versammlungsort nutzten. Vermutlich wusste der Schulleiter anfangs tatsächlich nicht, wem er den Schuppen überlassen hatte. Sinn und Zweck des Treffpunkts müssten sich aber offenbart haben, nachdem wir ein Schild mit der Aufschrift »Zur Glatze« über der Tür angebracht hatten. Auch im Inneren des Schuppens wurde die Botschaft unmissverständlich deutlich: Die Wände waren mit Hakenkreuz- und Reichskriegsflaggen, Tarnnetzen und allerhand nationalsozialistischen Bildern und Symbolen dekoriert.

Nachdem den Punks in der Stadt der sogenannte Brückenkopf von Torgau als Treffpunkt zugesprochen worden war, besaßen nun auch wir, wenngleich inoffiziell, unseren eigenen Versammlungsort in Dommitzsch. Die restliche Innenausstattung der Holzbaracke ist schnell beschrieben: Ein paar Tische, Stühle und Bierkästen, eine Musikanlage – fertig war der deutschnationale Jugendclub mit Kurzhaargebot.

Fremdenfeindlichkeit, auch wenn sie im Osten zunächst einmal gegen die Russen gerichtet war, war überall spürbar. Ob an der Ladenkasse, in den Unterhaltungen zwischen Nachbarn auf der Straße oder bei Familientreffen – ausländerfeindliche Parolen wurden auch von Menschen geäußert, die aufgrund ihres Berufes durchaus über ein ordentliches Bildungsniveau verfügten.

Hinzu kamen die Erzählungen von Freunden und Bekannten aus der Schule oder aus der Pionierzeit, die schon etwas länger in der rechten Szene zu Hause waren. Es waren allesamt Jungen, die ich schätzte und respektierte und mit denen ich zum Teil schon seit Jahren befreundet war. In der verraucht-schwülstigen, bierseligen Atmosphäre unseres Clubheims kam es immer häufiger zu Gesprächen und Diskussio-

nen, die das genaue Gegenteil dessen hervorbrachten, was mir in der Schule beigebracht worden war. Dort hieß es plötzlich, dass die vermeintlichen Verbrechen der Nazis im Dritten Reich durch keinerlei Dokumente nachzuweisen seien. Bei den Filmen und Fotos aus den befreiten Konzentrations- und Vernichtungslagern handelte es sich angeblich um Fälschungen – alliierte Soldaten hätten sich die gestreifte KZ-Kleidung übergezogen und das Elend in den Lagern inszeniert. Das sei belegt, wurde behauptet, und wir Jungen verschlangen diese revolutionär anmutende Geschichtsdeutung, zumal sie hervorragend in unser Bild des aufrechten, mutigen Wehrmachtsoldaten passte, den wir so gerne in unseren Familien gehabt hätten. Auch unsere Großväter galten nicht mehr als Kriegsverbrecher, sondern als tapfere Verteidiger unseres Landes. Mit dieser neuen Sicht der Dinge ließ es sich selbstverständlich viel besser leben.
Fernab jeder Logik wurden auch Fragen nach den Verbrechen anderer Nationen gestellt, getreu dem Motto: Wir haben niemandem etwas getan. Im Falle einer möglichen Schuld ist auch der Rest der Welt zu bedenken. Was tat Stalin? Was war mit Dschingis Khan? Wie wurden die Indianer in Nordamerika behandelt? Wer verurteilt diese Verbrechen? Warum sind immer nur die Deutschen die Bösen?
Diese krude Mischung aus Geschichtsfälschung und perfiden Angriffen auf die Historie anderer Länder traf bei uns jungen Männern auf fruchtbaren Boden. Wir nahmen diesen Zusammenschnitt aus DVU- und NPD-Propaganda, aus in der Szene einschlägigen Geschichtstheorien und aus Stammtischparolen kritiklos und gierig auf, denn er lieferte uns den Nachweis, dass wir uns keinesfalls den Falschen oder den Bösen angeschlossen hatten. In diesem ideologischen Kontext war außerdem klar: Wer gegen uns war, war nicht nur ein Lügner – er war unser Feind!
Die Alterspanne in der »Glatze« erstreckte sich von 13 bis etwa 21 Jahren, wobei ich einer der jüngsten der Gruppe war. Aus den schäbi-

gen Musikboxen hämmerte der harte Sound von Bands wie Störkraft, Endstufe und Böhse Onkelz, und die älteren Kameraden erklärten uns anhand dieser Liedtexte die Welt. Dabei waren die Botschaften, die von dieser Musik ausgingen, im Grunde selbsterklärend. Hieß es doch bei Störkraft beispielsweise:

»Ja, eines Tages, da wacht ihr alle auf. Rettet die Rasse, die man einst verkauft. Und ich weiß in jedem Deutschen, da steckt ein Mann, der das Verderben noch verhindern kann. In ein paar Jahren haben wir keine Rechte mehr, unsere Gefühle interessieren nicht mehr. Doch wir sind geboren in Deutschland, wir kämpfen für das deutsche Vaterland!«

Mit den auf den Tischen ausliegenden Exemplaren der *Nationalzeitung* und von *Der Landser* sowie mit dem *Hausbuch für die deutsche Familie* aus den 1930er-Jahren, das von Mann zu Mann weitergereicht wurde und in unserer Gruppe gewissermaßen als Bibel galt, glaubten wir uns ideologisch ausreichend für den Kampf gegen den Rest der Welt gerüstet.

Vor allem das Hausbuch präsentierte unseren jugendlichen und zum Teil schlichten Gemütern die nationalsozialistische Ideologie des Alltags, deren Wiedereinführung eines unserer Ziele war. Dort war nicht nur die althergebrachte Rollenverteilung zwischen Männern und Frauen beschrieben, man fand auch alles, was man zu den Themen Rassenerhalt und Rassenschande wissen musste. Kritisch hinterfragt wurde in der Gruppe nichts – erst recht nicht nach dem vierten oder fünften Bier und zu den aufpeitschenden Klängen aus der Musikanlage.

Mit glühenden Wangen und gespitzten Ohren saß man in der Holzbaracke bei Bier, Schnaps, Zigaretten, verbotener Musik, verbotenen Büchern, Fahnen und Bildern – von gesinnungstreuen Mädchen in dem Versuch, groß, stark und männlich zu wirken, bewundert – zusammen und bewegte sich unversehens immer tiefer in diese braune Subkultur hinein, die für alle Beteiligten – vor allem aber für alle Unbeteiligten – nichts Gutes zu verheißen hatte. Es war im Grunde nur eine Frage der Zeit, bis die ersten von uns ihren Worten Taten folgen lassen würden.

6

Schlagende Argumente

Rechte Parolen dreschen, Bier trinken und den starken Mann spielen – das beherrschten wir in der Zwischenzeit geradezu virtuos. Es war in jenen Tagen aber auch zu spüren, dass es langsam an der Zeit war, Taten sprechen zu lassen. Gerade die Neuen unter uns, zu denen ich als einer der jüngsten der Gruppe ja auch gehörte, waren durch die unzähligen Treffen in der »Glatze«, bei Freunden zu Hause und in der Schule ideologisch so sehr aufgeheizt worden, dass ihr Hass und ihre angestaute Wut sich über kurz oder lang in der Praxis entladen würden. In meinem Fall geschah das im Alter von gerade einmal 14 Jahren.

Wir waren in der Nähe von Coswig bei ein paar Kameraden zu Besuch, die in ihrem Garten einen alten Zugwaggon ausgebaut hatten und dort regelmäßig rechte Treffs veranstalteten. Nicht allzu weit entfernt gab es auch einen Jugendclub der anderen – der verhassten Linken –, der in unseren Kreisen sinnigerweise »Judenclub« genannt wurde. Und da wollten wir nach unzähligen Flaschen Bier eines Abends hin ...

Die Sache ging im Grunde ganz leicht. Die Tür wurde – nachdem wir verständlicherweise nicht auf gewöhnlichem Weg hineingebeten wurden – mit den Stiefeln eingetreten, mir wurde die Aufgabe übertragen, jedem, der nach draußen flüchten wollte, mit einer Holzlatte eins überzuziehen, und der Rest der Truppe stürmte das Gebäude. Nun, die Polizei war offenkundig schneller, als wir erwartet hatten, und nahm wenig später drei von uns fest. Einer war der junge Manuel, der mit rotem Kopf und heißen Ohren auf dem Polizeirevier Torgau saß und darauf wartete, wie dieser Abend wohl enden würde.

Er endete unschön, wie sich jeder denken kann. Meine Eltern wurden telefonisch informiert, und nachdem alle Formalitäten erledigt waren, wurde ich in einem Streifenwagen nach Hause gefahren. Den Ärger, den ich zu Hause bekam, will ich nicht näher beschreiben, aber er führte dazu, dass ich mich wieder an die Regeln hielt. Für ein paar Tage zumindest ...

In der Nachbetrachtung ist es für mich doch sehr erstaunlich, wie schnell und im wahrsten Sinne des Wortes radikal ich mich zu jener Zeit verändert hatte. Auf der einen Seite standen die für mich im Grunde abstrakten äußeren Umstände – die politischen Umwälzungen – auf der anderen die dadurch verursachten grundlegenden Veränderungen meines kleinen, beschränkten Mikrokosmos. Meinen persönlichen Halt hatte ich in der rechten Szene gefunden, so glaubte ich zumindest. In diesem Umfeld schien innerhalb kürzester Zeit aus dem kleinen, unscheinbaren und normal entwickelten Jungen ein potenzieller Gewalttäter geworden zu sein, dessen Fähigkeit zu moralischer Reflexion, Empathie und Anstand sich gegen null entwickelte.

Ich erinnere mich an eine Szene in meinem Elternhaus, in der mich meine Mutter bat, ihr eine Stulle zu schmieren. Keine große Sache – ich war ohnehin gerade in der Küche zugange, und das Ansinnen meiner Mutter war nun wirklich nicht zu viel verlangt. Ich machte ihr das Brot, warf es ihr aber im Wohnzimmer vor die Füße und sagte: »Hier, friss!«

Meine Mutter war völlig konsterniert und fing in ihrer Verzweiflung und Ratlosigkeit an zu weinen. Mich ließ dieser Gefühlsausbruch jedoch verhältnismäßig kalt. Ich war kurz überrascht, mehr aber nicht. Erschüttern konnten mich die Tränen meiner Mutter damals nicht. Oder nicht mehr!

Die Situation in meinem Elternhaus eskalierte immer mehr. Wann immer es Streit gab, warf ich meinen Eltern vor, wie heruntergekommen sie in meinen Augen seien. Gefühle wie Respekt oder Hochachtung kannte ich in dieser Phase meines Lebens, in der auch die Pubertät ihr übliches Unheil anrichtete, nicht mehr. Meine Mutter schien gar nicht richtig begreifen zu können, was mit ihrem Sohn passierte. Nach meiner äußeren und vor allem inneren Verwandlung fragte sie mich eines Tages ungläubig, ob ich rechtsradikal geworden war. Ich erzählte ihr damals irgendetwas von einer Modeerscheinung und sagte, dass fast alle Jungs in meiner Klasse so aussahen.

Meine Schwestern hatten mich deutlich früher durchschaut und geradezu Angst bekommen, Freunde mit nach Hause zu bringen. Noch Jahre später verloren viele Jungen ihr Interesse an ihnen, sobald sie erfuhren, dass sie mit Nachnamen Bauer hießen. Infolgedessen teilte mir meine mittlere Schwester eines Tages unverblümt mit, wie sehr sie mich hasse und dass ich ein »Scheiß-Nazi« sei. Daraufhin verprügelte ich sie ohne Umschweife. Mitgefühl? Geschwisterliebe? Reue? Nichts dergleichen!

Mein Zimmer war in der Zwischenzeit zu einer veritablen nationalsozialistischen Kampfzone gereift. An der Decke hingen Tarnnetze, die Wände schmückten einschlägige Poster und Bilder von NS-Größen. Mein Äußeres, mein Denken, mein Kinderzimmer, mein Umfeld, meine Freunde und meine Feinde – nahezu alles in meinem Leben war dem Neonazismus gewidmet.

Die Treffen mit meinen Kameraden wurden immer häufiger. Unter der Woche gab ich in der Regel vor, zur Schule zu fahren, tatsächlich aber wurden meine Besuche in der Lehranstalt immer seltener, was sich natürlich in meinen Zensuren niederschlug. Das störte mich jedoch wenig, denn alles in allem empfand ich mein Leben als ungemein cool: Bereits als 14-Jähriger konnte ich tun, was ich wollte, und empfand durch das Wissen um den Rückhalt der Gruppe auch auf mich alleingestellt ein außergewöhnlich ausgeprägtes Machtgefühl.

Bekam man, in welcher Situation auch immer, doch einmal eins ausgewischt, kehrte man mit Unterstützung zurück und rückte die Angelegenheit buchstäblich wieder ins »rechte« Licht. Manchmal genügte allein das Androhen der Verstärkung, um in Ruhe gelassen zu werden, da die Menschen wussten, welcher Gruppe man angehörte. Ich selbst drohte im Alter von 14 Jahren einem Landwirt in unserem Dorf, dass wir seinen Hof abfackeln würden. Die Ankündigung zeitigte ihre Wirkung: Der Mann ließ uns fortan in Ruhe.

Gleichwohl waren wir in unserer Umgebung nicht allzu schlecht angesehen, weil wir gerade älteren Menschen gegenüber stets auf »ordentliche deutsche Umgangsformen« achteten und unser kurzer Haarschnitt den Erwachsenen und Senioren vertrauter und sympathischer war als der blau oder grün gefärbte Irokesenschnitt eines Punks.

Vermutlich waren die meisten Menschen, und ganz besonders unsere Eltern, aber schlichtweg der Meinung, dass unser Neonazi-Gebaren nur eine Phase sei, eine Jugendspinnerei, die bald vorübergehen würde. Darin täuschten sie sich leider. Wir standen erst am Anfang, und eine Abkehr von dieser politischen und ideologischen Verirrung stand bei den meisten ganz und gar nicht zu erwarten ...

7

Der Freund und Helfer

Mein erster Kontakt mit der Polizei war kein großes Schreckenserlebnis gewesen. Ich hatte ein paar Stunden auf der Wache gesessen, meine Personalien wurden aufgenommen, und mir wurden einige Fragen gestellt. Am Ende der Veranstaltung wurde ich im Streifenwagen nach Hause gefahren, wo meine entsetzten, aufgebrachten und naturgemäß enttäuschten Eltern in der Tür standen und die Welt nicht mehr verstanden. Es gab eine Standpauke, unzählige Vorwürfe und die Androhung von Strafen. Meine Eltern suchten aber auch das Gespräch mit mir, um herauszufinden, wie es zu meinen Taten hatte kommen können. Sie machten sich Vorwürfe und gaben sich selbst die Schuld, was ich bis heute nicht verstehen kann, denn meiner Meinung nach haben sie in meiner Erziehung nicht viel falsch gemacht. Nach ein paar Tagen war die Aufregung abgeebbt, und mein Leben ging wieder seinen gewohnten Gang.

Auf der anderen Seite führte die Begegnung mit der Polizei in meiner Gruppe zu einem Imagegewinn, der für mich als 14-jährigen Jungen natürlich enorme Bedeutung besaß. Ein Überfall auf einen linken Jugendclub, das Durchstehen eines Polizeiverhörs – mit dieser Aktion war die Feuertaufe überstanden, und ich hatte mir unsichtbare Schulterklappen verdient, die in diesen Kreisen selbstverständlich von unschätzbarem Wert waren. »Wie? Du warst da dabei?«, »Cool, habt ihr sie ordentlich platt gemacht, die Zecken?« – in der »Glatze« kam es zum großen Abklatschen, und es gab für mich – und auch die anderen – keine Zweifel mehr dazuzugehören.

Es kann nicht weiter verwundern, dass ich, von einem solchen Schlüsselerlebnis geprägt, anschließend regelmäßig straffällig wurde. Schon im Alter von 15 Jahren setzte sich meine Karriere in dieser Hinsicht konsequent fort. Ich klaute an einem Stausee ein Moped, das natürlich einem Linken gehörte, und wurde erwischt. Der Diebstahl war keine geplante Aktion, vielmehr war ich an jenem Tag einfach zu faul, mit dem Fahrrad nach Hause zu fahren, und kam zu dem Entschluss, dass ein motorisiertes Fahrzeug deutlich bequemer wäre. Nun, die Geschichte endete, wie alle Ereignisse dieser Art üblicherweise ausgehen: Ich wurde wegen Diebstahls und Fahrens ohne Führerschein angeklagt und bekam von dem Jugendrichter 20 Sozialstunden auferlegt.

Diese Strafe leistete ich bei einem örtlichen Fußballverein ab, wo ich die Terrasse kehren und Laub rechen musste. Was das Jugendgericht aber weder wissen noch ahnen konnte: Der halbe Fußballclub war rechts. Ich büßte meine Schuld also im Umfeld vieler Kameraden ab und hatte dabei die Gelegenheit, den Kreis meiner Gesinnungsgenossen gehörig zu erweitern.

In der Schule setzte ich mein Gebaren selbstverständlich fort. Bereits in der siebten Klasse, also mit 14 Jahren, hatte ich in meinem Zeugnis die Verhaltensnote »ungenügend« stehen. Das bedeutete, dass ich in meinem Sozialverhalten ganz unten angekommen war. Während ich in den einzelnen Fächern noch die Leistungsnoten »gut«, »befriedigend« und »ausreichend« erzielte, hatte ich mir im Betragen die schlechteste aller Zensuren erarbeitet.

Nachdem es in der Polytechnischen Oberschule Dommitzsch und auf dem Schulweg vor allem ausländischen Schülern gegenüber wiederholt zu Handgreiflichkeiten oder Gewaltausbrüchen gekommen war, sahen sich einige Lehrer dazu veranlasst, albanische Kinder aus Neiden zum Bahnhof zu begleiten. Diese Schüler wurden gewissermaßen unter dem persönlichen Schutz couragierter Pädagogen aus der Stadt hinausgeführt, weil sich die immer stärker werdende rechte Szene für sie zu einer echten Bedrohung entwickelt hatte.

Unsere Gruppe hatte immer wieder vor allem in Bahnhofsnähe ausländische Schüler regelrecht zusammengeschlagen. Ich selbst gab einmal einer Lehrerin einen Fußtritt – Grenzen gab es für mich in dieser Hinsicht schon lange nicht mehr. Als ich im Alter von 14 Jahren von der stellvertretenden Schulrektorin zu einem ermahnenden Gespräch gerufen wurde, erklärte ich der konsternierten Pädagogin im Brustton der Überzeugung, dass ich eines Tages im Knast landen würde. Das galt in unseren Kreisen durchaus als erstrebenswertes Ziel.

Die Schule war für mich in jener Zeit ein reiner Kameradschaftstreff und nur noch als Kontaktplattform interessant. Meine Eltern hatten bereits jeglichen Einfluss auf mich verloren. Anfangs versuchten sie noch verzweifelt, positiv auf mich einzuwirken, und holten sich bei Lehrern und Schulpsychologen Rat. Ich driftete jedoch immer weiter ab. Ich war kaum noch zu Hause, trank regelmäßig Alkohol und fiel vornehmlich durch Vandalismus, Einbrüche und Diebstähle auf. Ich war – wie man es landläufig nennt – auf die schiefe Bahn geraten. Für mich selbst war diese Bahn aber gar nicht schief. Ich wollte diesen Weg gehen, und er wurde in meinen Kreisen auch als der richtige erachtet.

Mit 16 Jahren hatte ich mein fragwürdiges Ziel tatsächlich erreicht: Ich flog zunächst einmal von der Polytechnischen Oberschule Dommitzsch und besuchte daraufhin die Mittelschule Dommitzsch. Bereits nach wenigen Monaten wurde ich dort ebenfalls des Hauses verwiesen, mit einem Zeugnis, das sich wie folgt las:

Deutsch: ausreichend
Englisch: mangelhaft
Mathematik: mangelhaft
Physik: mangelhaft

Chemie: ungenügend
Biologie: mangelhaft
Religion: ausreichend
Geografie: mangelhaft
Geschichte: ausreichend
Gemeinschaftskunde: ausreichend
Musik: mangelhaft
Kunsterziehung: befriedigend
Sport: ausreichend
Technik und Wirtschaft: mangelhaft
Angewandte Informatik: mangelhaft

Entsprechend des groben Lebensplans für den Jungen namens Manuel Bauer hätte das Ganze eigentlich irgendwann einmal einen Hauptschulabschluss ergeben sollen. Mit acht Fünfen und einer Sechs besaß dieses Dokument jedoch nicht einmal die Wertigkeit eines Mofaführerscheins. Die Schule war damit für mich endgültig gelaufen. Ich war gerade einmal 16 Jahre alt, besaß keinen Schulabschluss und stand mit einem Bein im Gefängnis. Aber ich war ein gern gesehener Gast in der »Glatze« und bei anderen Treffs, ich war rechts, ein Neonazi und hegte auch ohne anerkanntes Abschlusszeugnis allerhand gewichtige Pläne in meinem Kopf.

Heute erscheint es mir mehr als erstaunlich, wie gleichgültig mir der Rauswurf aus der Schule war. Mir ist selbstverständlich klar, dass man mit 16 Jahren nicht unbedingt an eine gesicherte Zukunft und eine geregelte Altersversorgung denkt. Es war auch nicht der Fall, dass in meinem rechtsradikalen Umfeld alle darauf aus waren, in der Schule oder der Ausbildung zu versagen. In unserer Gruppe gab es durchaus Mitglieder, die auf ein gutes Vorankommen bedacht waren. Unseren Kreisen gehörten auch einige Gymnasiasten an, die trotz Glatze ihre konkreten Studienwünsche nicht aufgegeben hatten.

In meinem speziellen Fall war es jedoch so, dass mir eine vergleichsweise ordentliche Zukunftsplanung vollkommen egal war. Ich sah mein Zuhause und meine Zukunft im Kreis meiner Kameraden und im Kampf gegen alle, die in irgendeiner Form gegen uns waren: Ausländer, Linke, Demokraten, Intellektuelle – und natürlich der Staat.

8

Es geht weiter abwärts

Keine Schule, kein Job, keine Ausbildung – kein Geld. Ich hatte durch meinen Schulabbruch zwar ein unbegrenztes Maß an Freizeit gewonnen, verfügte aber nicht über die Mittel, diese einigermaßen erträglich zu gestalten. In der »Glatze« und bei den unzähligen anderen Treffen standen zwar immer Bier- und Schnapsflaschen bereit, ich selbst war jedoch kaum in der Lage, einen Beitrag zu diesen Gelagen zu leisten.

Also begann ich zu klauen, zunächst einmal zu Hause. Als meine Eltern schließlich ihre Portemonnaies versteckten, suchte ich nach anderen Geldquellen. Mein Taschengeld war natürlich nach meinem Rauswurf aus der Schule gestrichen worden, aber ich fand immer neue Wege, mich mit Kleingeld einzudecken. Ich entwendete Sachen aus meinem Elternhaus und verkaufte sie. Schallplatten, CDs – alles, was ich finden konnte, wurde versetzt.

Erstaunlicherweise hatte ausgerechnet mein Stiefvater, der es immer gut mit mir gemeint hatte, für eine der in dieser Zeit prägendsten Erfahrungen gesorgt. Noch zu Schulzeiten, es muss in der fünften Klasse gewesen sein, hatte ich meinen Eltern 20 Mark geklaut und in den Pausen auf dem Schulhof mächtig mit dem Geld geprahlt. Das muss einer Lehrerin aufgefallen sein, die wiederum meine Eltern kontaktierte und mich auffliegen ließ. Zu Hause gab es damals einen furchtbaren Streit. Ich bekam die schlimmsten Vorwürfe zu hören und erhielt, wenn ich mich richtig erinnere, auch Hausarrest. Mein Stiefvater, der sich während der Moralpredigt weitgehend zurückgehalten hatte, kam später in mein Zimmer und meinte: »Warum hast du denn

mit dem Geld angegeben? Hättest du deine Klappe gehalten, wäre die Sache nie ans Licht gekommen.«
Diese Aussage meines Stiefvaters hatte ich verinnerlicht wie kaum einen anderen Ratschlag, den ich im Laufe meines Lebens erhielt. Egal, was du machst, Bauer, Klappe halten! Diese zwei Worte wurden zu meinem Leitmotiv – bis zu meinem Ausstieg aus der rechten Szene. Klappe halten! Alles, was ich in Zukunft tat oder anstellte, blieb mir und in Einzelfällen einem winzig kleinen Kreis von Vertrauten vorbehalten. Eine Devise übrigens, die anscheinend auch die Zwickauer Terrorzelle beherzigte. Anders wäre es ihr kaum möglich gewesen, mehr als zehn Jahre von Polizei und Verfassungsschutz nahezu unbehelligt zu agieren. Das Motto liefert auch eine Erklärung für die Tatsache, die fast niemand – auch nicht die Ermittlungsbehörden – für möglich hielt: Terroranschläge ohne Bekennerschreiben.
Diese Vorgehensweise war bis zur Aufklärung der ungeheuerlichen Mordserie weitgehend unbekannt. Nahezu weltweit gingen die Behörden davon aus, dass politisch motivierte Anschläge stets mit einer bekennenden Aussage einhergingen. Nicht selten gab es sogar mehr Bekenner, als eine Straftat zuließ. In diesen Fällen sprach man wohl von Trittbrettfahrern. Das Verüben der Anschläge ohne Bekennerschreiben war ein wesentliches Merkmal der Zwickauer Gruppe, und es gestattete ihnen, über einen langen Zeitraum bundesweit aktiv zu sein.
Ich glaube, dass diese Art des Handelns vielen Menschen bis heute fremd ist – sowohl dem einfachen Bürger als auch dem hoch spezialisierten Ermittler. Es scheint außerhalb der Vorstellungskraft zu liegen, dass Rechtsradikale eine fremdenfeindliche Tat begehen, sei es nun Mord, Brandstiftung oder Körperverletzung, und anschließend darauf verzichten, im Dunst zahlloser Flaschen Bier und Schnaps von ihren »Heldentaten« zu berichten. Genau das war aber meine Devise, das Motto vieler anderer in meiner Gruppe und auch die Maxime

der Zwickauer Terrorzelle. Ich persönlich verdankte meine Strategie des Schweigens einer unbedachten Äußerung meines Stiefvaters in meiner Kindheit. Uwe Mundlos, Uwe Böhnhardt, Beate Zschäpe und, so glaube ich, viele weitere Rechtsradikale hatten sich diese Zurückhaltung auch auferlegt, wodurch auch immer sie initiiert worden sein mag. Dieses Verhalten brachte zwar keinen Ruhm und keine Anerkennung durch Gleichgesinnte ein, es befreite jedoch vom Fahndungsdruck. Damit dürfte klar geworden sein, warum die Zwickauer Neonazis auf so außergewöhnliche Weise agierten ...

Meine Eltern hatten nach meinem Ausschluss aus der Schule zwischenzeitlich mit dem Gedanken gespielt, mich in einem Heim unterzubringen. Sie waren völlig verzweifelt und sahen kaum noch einen Ausweg. Ihnen war klar geworden, dass sie auf mich und mein Leben keinen Einfluss mehr besaßen, auch wenn sie immer wieder versuchten, auf mich zuzugehen. Als ich von diesen Plänen erfuhr, gab es für mich nur eine Schlussfolgerung: Aufgrund meiner Gesinnung liebten mich meine Eltern nicht mehr. Sie waren gegen mich, also gegen unsere Vereinigung und unsere Ziele. Daraus zog ich folgendes Fazit: Meine Mutter und mein Stiefvater hatten keinen Respekt mehr verdient. Genau genommen waren sie sogar zu meinen politischen Feinden geworden.

In der Gemeinschaft, so stellte ich rasch fest, hatte ich durch mein schulisches Ausscheiden nicht an Ansehen verloren. Ein Großteil meiner Kameraden erfüllte zwar weiterhin einigermaßen stringent die gesellschaftlichen Anforderungen, andererseits war ich beileibe nicht der einzige »Versager«. Tatsächlich stand ich durch meine ständige Einsatzbereitschaft gar nicht so weit unten in der Hierarchie, sondern war eigenverantwortlich für die Nachwuchsbetreuung in Dommitzsch zuständig. Dass sich ein 16-Jähriger um die Nachwuchsarbeit kümmerte, mag merkwürdig erscheinen. Da ich jedoch bereits im Alter von elf Jahren in die Neonazi-Szene eingestiegen war, galt ich mit meinen vier Jahren Zugehörigkeit schon fast als alter Hase.

Die potenzielle Zielgruppe, die ich als Verantwortlicher für die Rekrutierung neuer Mitglieder im Fokus hatte, war leicht zu definieren: Ich war auf der Suche nach Außenseitern, nach Einzelgängern mit wenigen Freunden und großen schulischen Problemen. Solche Jungen schienen uns, nach allem, was wir wussten, die idealen Empfänger für unsere radikalen Botschaften zu sein. Und eines muss jedem klar sein: Dieser Kategorie gehörten in den 1990er-Jahren auf dem Gebiet der ehemaligen DDR unzählige Jugendliche an.

Die Justiz und deren ausführende Organe vermochten immer noch keine abschreckende Wirkung auf mich und meine Gruppe auszuüben. Im Alter von 16 Jahren wurde ich vor dem Amtsgericht Torgau erneut zu einer Jugendstrafe verurteilt. Man war uns auf die Schliche gekommen, als wir den Geräteschuppen des Dommitzscher Kindergartens aufbrachen. Wieder bekam ich Sozialstunden auferlegt, doch der Jugendrichter, mit dem wir regelmäßig zu tun hatten, gehörte zu den Juristen, die stets das Gute im Menschen sahen, uns gut zuredeten und letztendlich milde Strafen verhängten. Das ist mit Sicherheit eine schätzenswerte Eigenschaft, die vielen Angehörigen dieser Berufsgruppe gut zu Gesicht stünde, vor allem, wenn ein ausgewogenes, einsichtiges Urteil pädagogische Vorteile bringt.

In unseren Fällen jedoch gerieten die Verhandlungen vor dem Torgauer Jugendgericht zu possenähnlichen Veranstaltungen. Wir besaßen keinerlei Respekt vor dieser Institution und fühlten uns nicht selten wie bei einer Siegerehrung bei den Bundesjugendspielen. Man wurde aufgerufen und bekam eine Goldmedaille in Gestalt läppischer Sozialstunden umgehängt. Man hatte wieder etwas geleistet, etwas erreicht. Nach Strafe fühlten sich die Verurteilungen wahrhaftig nicht an. Sie glichen vielmehr Auszeichnungen. Man hängte sie sich zu Hause an die Wand. Sie waren Trophäen.

9

Die Macht der Gewalt

In den Biografien vieler Gewalttäter wird häufig das Fehlen jeder Fähigkeit zur Empathie hervorgehoben. Gerade bei Serientätern findet sich nicht selten das Phänomen der frühkindlichen Gewalt in Gestalt von Tierquälereien. Auf diese Art Zeitgenossen bin ich in meinem Milieu im Laufe der Zeit traurigerweise auch gestoßen. Es handelt sich dabei in der Tat um die Sorte Menschen, vor denen man in jeder Hinsicht Angst haben muss.

Nun, ich war als kleiner Junge kein Tierquäler, und ich gehörte auch nicht zu jenen, die bereits im Kindergarten durch ein erhöhtes Gewaltpotenzial auffielen. Ich kann mich an viele Situationen erinnern, in denen mich als kleiner Mann das Mitgefühl gegenüber benachteiligten Kindern oder verletzten Tieren beinahe auffraß und mir den Schlaf raubte. Ich denke sehr wohl, dass ich in puncto Empathie jeder kinderpsychologischen Begutachtung problemlos standgehalten hätte.

Es muss also andere, nicht angeborene Faktoren geben, die ein normales Kind in einen gewalttätigen Jugendlichen verwandeln. Heute, in der Nachbetrachtung, weiß ich, dass ich nach meinem eher modisch denn politisch motivierten Einstieg in die rechte Szene einer erschreckend effektiven Gehirnwäsche unterzogen wurde. Die permanente Indoktrination mit Hassparolen, das verschwitzte, braune Gernegroß-Gehabe, die außerordentlich aggressive Musik und der ständige Reiz, etwas Verbotenes zu tun, der Burschen in jungem Alter lockt – all dies hat mich zu einem Menschen gemacht, den meine Eltern damals nicht verstehen konnten und der mir selbst heute fremd ist.

Da gab es beispielsweise jenen Vorfall, ich muss 15 oder 16 Jahre alt gewesen sein, als ich ohne jeden Skrupel eine Zigarette im Gesicht eines Mitschülers in Augennähe ausdrückte. Ich weiß nicht mehr, welchen Fehler dieser Schulkamerad meiner Ansicht nach begangen hatte, womöglich hatte der arme Kerl mich einfach nur falsch angesehen. Das Ereignis schlug natürlich Wellen. Der Vater des Jungen kam zu uns nach Hause und stellte mich im Beisein meiner Eltern zur Rede. Da dies offenbar zu keinem Ergebnis führte, fuhr er mit mir zur Polizei. Er war fest entschlossen, meine ungeheuerliche Tat zur Anzeige zu bringen. Erst auf dem Parkplatz vor dem Wachgebäude gab ich mich reumütig und versprach dem aufgebrachten Vater, so etwas nie wieder zu tun. Ich bekundete mein tiefstes Bedauern, und der Mann schien mir tatsächlich zu glauben. Er brachte mich ohne Anzeige zu erheben wieder nach Hause.

Dort angekommen, verkroch ich mich in meinem Zimmer, trank ein paar Flaschen Bier, die ich aus meinem Versteck hervorholte, hörte Musik und versuchte, mich meinen Eltern gegenüber zumindest für kurze Zeit ein wenig unauffällig zu verhalten. Auf dem Schulhof indes krallte ich mir schon am folgenden Tag diesen armen Jungen und drohte ihm die schrecklisten Konsequenzen an, sollte er mich noch einmal verpetzen. Es fiel mir in diesem Moment äußerst schwer, den Jungen nicht sofort zu verprügeln, so ausgeprägt war meine Wut in jener Zeit. Empathie, Skrupel, Nachdenken oder gar ein schlechtes Gewissen – all diese menschlichen Fähigkeiten waren aus meiner Welt verschwunden.

Ein anderes Mal füllte ich in meinem Zimmer eine Mischung aus Mehl und Zucker in kleine Tüten ab und klebte ein Totenkopfschild darauf. In der Schule schmuggelte ich die Tütchen einem Punk in die Tasche und schwärzte ihn anonym an. Es dauerte nicht lange, bis die Kriminalpolizei vor unserem Haus auftauchte und wegen Drogenbesitzes gegen mich ermittelte. Ich weiß bis heute nicht, wie ich so schnell unter Verdacht geraten war, aber ich habe noch immer meine Mutter vor Augen, wie sie in meiner Gegenwart einen Nervenzusammenbruch erlitt. Zu denken gab mir dieser Vorfall jedoch nicht im Geringsten.

Ein sogenanntes Unrechtsbewusstsein gab es in unserer Gruppe nicht. Fast alle hatten sich im Laufe der Zeit Anzeigen, Prozesse und Strafen eingehandelt – Goldmedaillen und Trophäen –, und keiner machte sich darüber auch nur ansatzweise Gedanken. Von den gezielten Überfällen auf Jugendclubs abgesehen, waren die wenigsten Straftaten geplant. Sie entstanden meist aus einer Laune heraus, die allzu häufig übermäßigem Alkoholgenuss entsprang. Man trat etwas um, sprühte einen Spruch an eine Wand, ließ in einem Laden etwas mitgehen oder brach auf dem Nachhauseweg einen Schuppen oder eine Garage auf. Wir betrachteten uns als Outlaws, als Gesetzlose abseits der gesellschaftlichen Konvention, und schädigten unserem Empfinden nach allenfalls Menschen, die gegen uns waren. Und das fühlte sich – ohne Reflexion des Geschehens – einfach gut und richtig an.

Unter dieser Überzeugung litt mit der Zeit auch meine Selbstwahrnehmung. Ich erinnere mich an ein Schulfest in Dommitzsch, auf dem ich mit dem Anführer unserer Gruppe im Laufe des Abends eintraf. Irgendwann gingen wir auf den Jungen hinter dem Mischpult zu und »überzeugten« ihn, Musik für uns aufzulegen. Störkraft! Die Platte lief an, und die Tanzfläche leerte sich in Sekundenschnelle. Und dann gab es nur noch unseren Anführer und mich. Mit Springerstiefeln, Bomberjacken und kahl geschorenen Köpfen hüpften wir Pogo tanzend umher, von konsterniert blickenden, kopfschüttelnden Schülern umringt. Und wir fanden das auch noch toll. Nicht ein Hauch von Schamgefühl, kein Verständnis für die Absurdität dieser Situation – nichts!

Dabei gingen auch langjährige Freundschaften kaputt. Jungs, mit denen ich zehn Jahre lang gespielt hatte, wandten sich von mir ab – oder ich mich von ihnen. Anderen verboten es ihre Eltern, sich mit mir abzugeben. Ich kenne nicht in allen Fällen die Gründe. Auch dieser Verlust von zum Teil sehr wertvollen Freundschaften wurde von mir mit einem ans Absurde grenzenden Gleichmut aufgenommen.

Eine Erklärung hatte ich stets parat: Der ist gegen mich, der ist gegen uns, also ist er ein Weichei und ein Heuchler und konnte gar kein richtiger Freund gewesen sein. Infolgedessen konnte man diesem Jungen, wenn es sich nicht vermeiden ließ, ohne nachzudenken eins in die Fresse hauen. Die emotionale Distanz zu meinen ehemaligen Freunden wurde von Tag zu Tag größer und mündete schließlich in einer vollkommenen Gleichgültigkeit, die nicht selten mit körperlicher Gewalt einherging.

Das muss man sich einmal vorstellen: Eine idiotische Ideologie versetzte einen plötzlich in die Lage, langjährige, gute Freunde mit Fäusten und Stiefeln zu traktieren. Muss man sich da noch die Frage stellen, wie es der Nationalsozialismus im Dritten Reich vermochte, ganze Familienverbände aufzulösen und aus Freunden erbitterte Feinde zu machen? Wie sich Nachbarn gegenseitig verraten und nicht linientreue Mitbürger in die Konzentrationslager schicken konnten? Ich persönlich kann mir heute aus meiner eigenen Biografie viel mehr erklären, als mir so mancher Geschichtslehrer vermitteln konnte.

Im Alter von 16 Jahren wurde ich am Dommitzscher Bahnhof Zeuge einer Messerstecherei. Ich kam gerade aus der Bahnhofsgaststätte heraus, in der ich mir eine Bockwurst geholt hatte, und sah, wie einer meiner Kameraden mit einem ausländischen Schüler in Streit geriet. Es ging alles blitzschnell: Eine kleine Rangelei, ein paar Schubser, laute Worte, und in null Komma nichts hatte der ausländische Junge ein oder zwei Ohrfeigen bekommen und ein Butterflymesser in seiner Schulter stecken.

Um die Kämpfenden hatte sich schnell eine Traube Schaulustiger gebildet. Als mein Freund seinem Gegner das Messer in den Körper rammte, erntete er lauten Applaus. Applaus! Der Beifall hielt so lange an, bis die Polizei kam und die Menge auseinanderstob. Auch ich entfernte mich sofort, um nicht von der Polizei aufgegriffen zu werden. Der Messerstecher war 16 Jahre alt. Er hatte keine Skrupel, einen Ausländer zu verletzen. Absolut keine. Es bedarf nicht viel Fantasie, um sich vorstellen zu können, wie diese Aktion in unserer Gruppe aufgenommen wurde. Der Angreifer war ein gefeierter Held. Er hatte einen Ausländer abgestochen, mehr ging doch kaum.

Bei anderer Gelegenheit trat einer meiner Kameraden, der Harpune genannt wurde, ohne Anlass auf offener Straße einen Linken zusammen, der anschließend wie tot auf dem Boden lag und unter dessen Kopf sich eine Blutlache bildete. Danach gingen wir einfach weiter, holten uns an der nächsten Ecke ein Bier und stießen unbeschwert und beschwingt auf diese gelungene Form der Freizeitgestaltung an.

Eines Tages waren wir in Jessen, einer Kleinstadt in Sachsen-Anhalt, unterwegs und trafen auf einen geistig behinderten jungen Mann, der vergnügt an einem Bach entlanglief. »Unwertes Leben« raunte einer aus unserer Gruppe, »in die steckst du doch nur sinnlos Geld hinein«. Und schon war klar, dass wir ein neues Opfer gefunden hatten. Als der Mann auf uns zukam, lächelte er uns erfreut an. Auch unserer Frage nach der Uhrzeit, die er nicht beantworten konnte, begegnete er mit einem Lächeln. Ein kleiner Rempler genügte, und dieser unschuldige Mensch landete unter dem lauten Gegröle unserer Horde von Kahlköpfen in dem Bach. Skrupel? Mitgefühl? Wie denn? Nach allem, was wir aus unseren Liedern und der »Fachliteratur« wussten, handelte es sich bei diesem Behinderten doch nur um Abfall. Abfall, wie es auch Obdachlose waren …

Willi war so einer. Er war Mitte 50 und hatte zu DDR-Zeiten durchaus Ansehen genossen. Nun gehörte er zu den vielen, die die Wende auf die Straße gespült hatte. Willi. Wenn ich nicht betrunken war, tat Willi mir wirklich leid. Dann setzte ich mich manchmal zu ihm auf die Bank, wir rauchten eine Zigarette zusammen und plauderten über dies und das.

Nach üppigem Alkoholgenuss konnte es jedoch gut sein, dass unsere Gruppe Willi halb tot schlug. Wenn er dann zusammengekrümmt in seinem eigenen Blut am Boden lag, tanzten wir im Kreis um ihn herum: »Mensch, Willi, was ist denn los? Willi, stell dich nicht so an, du alter Säufer … Willi!«

Artikel 1 des Grundgesetzes – »Die Würde des Menschen ist unantastbar« – galt für uns nicht. Wir waren die Guten, wir waren der Widerstand. Wir waren die Opfer einer kranken, kaputten Gesellschaft und als solche legitimiert, unsere Rechte einzufordern und zu verteidigen. Wer etwas anderes behauptete als unsere Kameraden und geistigen Anführer, sprach die Unwahrheit. Glaubwürdig waren allein die Gruppe und die gebetsmühlenartig gepredigte Ideologie, alles andere war linke oder zionistische Lügenpropaganda. So einfach war das damals …

Und am Abend saß man zusammen in der »Glatze« oder in einem Garten am Lagerfeuer, betrank sich wie verrückt und lachte über erbärmliche, menschenverachtende Witze. Man spielte mit Totschlägern, Schlagringen und Butterflymessern in den Händen herum, den Accessoires, die jeder von uns ständig bei sich trug. Man feierte sich für seine Heldentaten.

Denn Vorfälle wie jene mit Willi, dem Obdachlosen, und dem geistig behinderten jungen Mann gehörten irgendwann zur Tagesordnung. Sie wurden grausame Normalität und reguläre Freizeitbeschäftigung – selbstkritische Gedanken oder Fragen existierten in unseren Kreisen nicht.

10

Die Dommitzscher Jungs

Die »Neue Deutsche Fröhlichkeit«, wie dieser Lebensstil damals genannt wurde, äußerte sich dergestalt, dass wir von früh bis spät in unseren rechten Mikrokosmos eintauchten. Man war im Grunde nur noch unter Kameraden. Man legte sich abends als Rechter schlafen und stand morgens als solcher wieder auf. Ein sogenanntes Zivilleben gab es nicht. Man trug fast ausschließlich szenetypische Kleidung und hegte vor allem zu keiner Zeit andere als rechtsradikale Gedanken.

Die rechte Gesinnung war zu einer allumfassenden Lebenseinstellung geworden. Wenn ich mich in meiner Umgebung bewegte, tat ich das als Neonazi. Nicht der Junge namens Manuel Bauer lief durch das Dorf oder die Stadt, sondern der Neonazi Bauer. Alles, was ich tat, tat ich als Rechtsradikaler. Ging ich Brötchen kaufen, war ich nicht irgendein unscheinbarer Kunde. Ich trug Glatze, Springerstiefel und Bomberjacke, war stets auf Provokation aus und bestrebt, Menschen zu entdecken, die nicht in mein Weltbild passten.

Diese Fixierung ist mir erst heute bewusst, da ich mich als Durchschnittsmensch in der Gesellschaft bewege. Heute falle ich nicht mehr auf, und vor allem: Ich will es nicht mehr! Wenn ich mir nun eine Currywurst – oder einen Döner! – hole, stehe ich wie alle anderen in der Schlange, schweige, warte und führe vielleicht einen Smalltalk mit der Kassiererin. Wie die meisten Menschen gehe ich ganz einfach in der Masse unter.

Das war früher nicht möglich. Wenn ich einen Laden betrat, spürte ich die Blicke der anderen. Vor allem aber nahm ich wahr, wie die anderen die Blicke von mir abwandten, wohl wissend, dass man einen

Kerl wie mich nicht allzu lange anstarren durfte, sondern ihn besser in Ruhe ließ. Wenn wir als Gruppe auftraten, war dieser Effekt noch größer. Gingen wir mit vier oder fünf Mann in ein Gasthaus, verstummten meist die Gespräche. Die Menschen starrten aus lauter Angst, sie könnten uns auffallen, verunsichert auf die Tischplatten. Sie wirkten manchmal wie kleine Kinder, die sich die Hände vor die Augen halten und glauben, dadurch unsichtbar zu sein.

Man war immer ein Skinhead, Neonazi oder Rechter, ganz gleich, was man tat. Man trank sein Bier als Neonazi, man aß sein Brötchen als Neonazi, und man trat als Neonazi auf. Es war, als würde man tagtäglich mit einem riesigen Transparent durch die Welt gehen, auf dem stand: »Achtung! Ich bin ein Rechter! Entweder seid ihr auf meiner Seite, oder ihr habt mich und meine Kameraden zum Feind. Ich bin aggressiv, gefährlich und unberechenbar. Ich hasse Ausländer, Linke, Punks, Schwule, Etablierte, Politiker, Juden, Reiche und Penner – eigentlich alle, die meine Ideologie nicht teilen. Ich verachte euch und eure multikulturelle Gesellschaft, eure zionistische Weltanschauung und vor allem eure Heuchelei. Lasst mich in Ruhe, geht mir aus dem Weg, oder ihr werdet es bereuen!«

Es wäre zugegebenermaßen ein sehr großes Transparent gewesen und hätte sich noch beliebig erweitern lassen. Alles, was ich ablehnte, hasste und verabscheute, war mir im Grunde auf die Stirn, oder besser, auf die Glatze geschrieben. Jeder Schritt in die Außenwelt war ein ideologisches Statement. Was ich dachte, was wir dachten, blieb nicht im Verborgenen, wir waren vielmehr um größtmögliche Auffälligkeit und Aufmerksamkeit bemüht.

Die vollständige Verwandlung eines normalen Jungen und durchschnittlichen Schülers zum rechtsradikalen Skinhead und Neonazi ließ keinen Raum für Ideologiefreies. Diese Vereinnahmung war Resultat der perfiden, unmerklich fortschreitenden Gehirnwäsche, die uns alle auch außerhalb unserer Treffen schon lange nicht mehr losließ. In keiner Lebenslage. Hätte die rechtsextreme Indoktrination nur hin und wieder auf Zusammenkünften stattgefunden und uns zwischendurch als normale Menschen in den Alltag zurückkehren lassen, wäre die radikale und rassistische Prägung bei Weitem nicht so effektiv gewesen. Jungen, die den Pfadfindern oder der Jugendfeuerwehr angehörten, gingen schließlich auch nicht als Pfadfinder oder Feuerwehrleute zur Schule. Sie besuchten den Unterricht als Martin, Peter oder Steffen. Wir hingegen gingen ausschließlich als Neonazis in die Schule, in die Lehre oder zur Arbeit. Abstreifen konnten wir diese Zugehörigkeit nicht, und das wollten wir auch gar nicht.

Mit 16 Jahren war ich also bereits für die Nachwuchsarbeit in unserer Gruppe zuständig und hielt regelmäßig Ausschau nach neuen Mitgliedern. Von den Erzählungen meiner Onkel, die zu DDR-Zeiten in der Nationalen Volksarmee dienten, geprägt, war ich der Meinung, dass wir in unserer Gruppe eine uniformähnliche Einheitskleidung einführen müssten. Dieses Vorhaben beschränkte sich letztendlich auf das Tragen eines Aufnähers mit der Aufschrift »Dommitzscher Jungs«. Gleichwohl pirschten wir immer wieder in alten Militäranzügen durch die Umgebung meines Polbitzer Zuhauses und spielten Krieg. Gedanklich waren wir permanent im Krieg – gegen fast jeden und alles. In der Gruppe selbst – in unserem Treff »Zur Glatze« – waren wir in der Regel unter uns. Zutritt hatten lediglich einige ideologisch standfeste Mädchen, die ihre Gesinnung ebenfalls offen zur Schau trugen. Diese von uns als Renee-Frauen bezeichneten Mädchen trugen szenetypische Kleidung und eine charakteristische Frisur, bei der die Haare von einem kurz geschnittenen oberen Hinterkopf lang und stufig herabfielen. Gelegentlich bekamen wir in der »Glatze« auch Besuch von einer rechten Partei, die uns mit Lesestoff, Propagandamaterial und Flugblättern versorgte. Selbst kleine, vergleichsweise unbedeutende Gruppierungen wie die Dommitzscher Jungs blieben also von ihr nicht unbeachtet!

In meinem Elternhaus verbesserte sich die Stimmung angesichts meines fragwürdigen Lebensstils und des fehlenden Schulabschlusses selbstverständlich nicht. Irgendwann schrieb ich auf Drängen meiner Mutter tatsächlich ein paar Bewerbungen. Es handelte sich dabei um Lehrstellen als Maurer oder Dachdecker. Einer solchen Form der Lebensgestaltung brachte ich, das dürfte klar geworden sein, kein Interesse entgegen.

Trotz meiner erbärmlichen Zeugnisse erhielt ich einmal eine Einladung zu einem Vorstellungsgespräch. Meine Mutter war ganz aufgeregt vor Freude und hatte mir, bevor sie zur Arbeit fuhr, ein schönes Outfit zurechtgelegt, das ich bei dem Bewerbungsgespräch tragen sollte.

Es lässt sich leicht erahnen, wie meine Entscheidung ausfiel: Ich erschien bei dem Termin in voller Montur – mit Bomberjacke und Springerstiefeln –, und das Gespräch fand rasch ein Ende.

Auch mein Berufsvorbereitungsjahr, das sogenannte BVJ, betrachtete ich mit ausgeprägtem Desinteresse. Nach wenigen Monaten hatte ich bereits mehr als 60-mal unentschuldigt gefehlt, und meine wenigen Anwesenheitstage waren allein der Tatsache geschuldet, dass ich auch beim BVJ auf unzählige Kameraden traf.

All dies mag in den alten Bundesländern, in denen größere Gruppen von Neonazis in der Regel nur aus der *Tagesschau* bekannt sind, befremdlich und übertrieben wirken. Im Osten der Republik jedoch gehörten nach der Wende Horden von Männern mit schweren Stiefeln, schwarz-weiß-roten Hosenträgern und kahl geschorenen Köpfen zum gewohnten Straßenbild.

Mein Alltag gestaltete sich in jener Zeit so, dass ich morgens nur darauf wartete, bis meine Eltern zur Arbeit fuhren, um mich dann in den Bus nach Dommitzsch zu setzen, von dort nach Torgau oder Pretzsch zu fahren und mich mit Kameraden zu treffen. Bei diesen Zusammenkünften, bei denen man herumsaß, Bier trank und bösartige Pläne schmiedete, lernte ich ständig neue Mitglieder der rechten Szene kennen.

Der Kreis der Gleichgesinnten wuchs von Tag zu Tag, sodass man fast den Eindruck gewann, der rechtsradikale Lebensweg hätte sich – zumindest in den Gebieten der ehemaligen DDR – zu einem Massenphänomen entwickelt. In manchen Stadtteilen waren wir längst keine Minderheit mehr. Der große Zuspruch zur rechtsextremen Szene wurde von uns als endgültiger Beweis gewertet, mit unserer Ideologie den richtigen Weg zu verfolgen.

11

Unter Soldaten und Kameraden

Die Tage verrannen in gleichförmiger Inhaltslosigkeit, und es fällt mir schwer, mir diese Zeit in klaren Bildern zu vergegenwärtigen. Es geschah so gut wie nichts, was der Erinnerung wert gewesen wäre. In den Wochen und Monaten nach meinem Ausschluss aus der Schule verfügte ich über ein großes Maß an Freizeit und persönlicher Freiheit, ich konnte im Grunde tun und lassen, was ich wollte. Allerdings gab es wenig Sinnvolles, womit ich diese Zeit hätte füllen können. Dieser Lebensabschnitt scheint wie von einer bierseligen Nebelwolke umhüllt, die sich nach so vielen Jahren kaum mehr rückblickend durchdringen lässt.
Selbstverständlich gab es auch zu jener Zeit ein paar ruhige und besonnene Momente, in denen ich über mich und mein Leben nachdachte. Jeder Rausch zieht einen Kater nach sich, und als solcher sind auch die seltenen Augenblicke zu werten, in denen ich der Selbstreflexion nachging. Dabei konnte es durchaus vorkommen, dass ich über so etwas wie eine Kehrtwende nachsann. Allerdings nicht über jene Zäsur, die sich mancher Leser wünschen würde.
Zweifel an meiner politischen Gesinnung überkamen mich nicht. Vielmehr überlegte ich manchmal, doch noch etwas aus meinem Leben zu machen – weniger Alkohol zu trinken, weniger herumzulungern und vielleicht eine Lehre zu beginnen. Schließlich befanden sich in meiner Gruppe auch erfolgreiche Realschüler, Abiturienten, Lehrlinge und Berufstätige, die tagsüber ihr eigenes Geld verdienten. Diesen Kontrast zu mir nahm ich sehr wohl wahr, und es war nicht

immer angenehm, zu jenen zu gehören, die ständig knapp bei Kasse und aus diesem Grund regelmäßig auf die Gruppe angewiesen waren. Eine zündende Idee hatte ich bei diesen Reflexionen jedoch nicht. Auch die Bereitschaft, meine vagen Pläne konkret in Arbeit umzusetzen, war begrenzt. Als ich 17 Jahre alt war, wurde meine Einberufung zur Bundeswehr Thema. Meine Eltern verleitete diese Nachricht zu der Hoffnung, ich könnte dort ein wenig zur Vernunft kommen und zu einem geordneten Leben zurückfinden. Ich hatte jedoch nur einen Gedanken: »Schön, bei der Bundeswehr darf ich endlich legal schießen!« Bei der Musterung wurde mir der Tauglichkeitsgrad 2 attestiert. Meinen Grundwehrdienst trat ich am 2. Januar 1997 in Neustadt/Hessen bei einem Panzergrenadierbataillon an. Hessen – nun hatte mich die Wiedervereinigung also in die sogenannten alten Bundesländer geführt. Allerdings machte sich diese Tatsache kaum bemerkbar, da etwa 90 Prozent meines Zuges aus Thüringen oder Sachsen stammten, und von diesen wiederum war rund die Hälfte rechts!

Ich fühlte mich wie zu Hause. Ich war von Gesinnungsgenossen umringt und befand mich in einer Umgebung, in der militante Wehrmachtsfantasien hervorragend ausgelebt werden konnten. Die strenge Hierarchie, der Drill und die mitunter anstrengende körperliche Betätigung während meiner Grundausbildung bereiteten mir erstaunlich wenige Probleme. Ich dachte dabei einfach an die Generation des Dritten Reiches zurück, an unsere Großväter, die im Zweiten Weltkrieg deutlich Schlimmeres zu ertragen hatten als wir jungen Wehrdienstleistenden, die in beheizten Stuben in bequemen Betten lagen. Die ganze Sache gefiel mir recht gut. Ich konnte mich mit der Bundeswehr identifizieren und war durchaus gewillt, mit meinem Grundwehrdienst erstmals in meinem Leben eine Ausbildung erfolgreich abzuschließen.

Bis zum 20. April 1997. An diesem Tag feierten einige gleichgesinnte Kameraden und ich nach Dienstende in der Kaserne selbstverständlich Adolf Hitlers Geburtstag. Dieses provozierende Fest für den »Führer«, dessen Stellenwert in neonazistischen Kreisen übrigens nicht so hoch ist, wie Außenstehende vielleicht vermuten, fiel angesichts immensen Alkoholgenusses eine Spur zu laut aus. Unsere unzähligen »Sieg Heil!« und »Heil Hitler«-Rufe und unsere menschenverachtenden Parolen wurden einer vorgesetzten Stelle gemeldet, meine Kameraden und ich landeten für drei Tage im Kasernenknast.

Dieses Ereignis veränderte meine Einstellung zur Bundeswehr grundlegend. Ich betrachtete sie nun als Ansammlung von Versagern, die sich ihrer heldenhaften Geschichte schämten und nicht zu ihrer großdeutschen Tradition standen. Ich schenkte den Namensschildern der Vorgesetzten größere Beachtung und stellte fest, dass es Unteroffiziere und Offiziere gab, deren Namen auf -ki oder -ky endeten. Man musste sich also von »Polacken« Befehle erteilen lassen – so weit war es mit Deutschland schon gekommen. Das konnte natürlich nicht widerspruchslos hingenommen werden.

Es folgten zahlreiche Provokationen, bei denen man zum Beispiel vorgab, die Anweisungen eines Vorgesetzten mit vermeintlich polnischen Wurzeln nicht zu verstehen. Diese Männer sprachen selbstverständlich akzentfrei Deutsch, dennoch täuschten wir vor, mit ihrer »Polackensprache« nicht zurechtzukommen. Auf solche Aktionen waren wir abends nach dem fünften oder siebten Bier mächtig stolz. Das war unsere aus heutiger Sicht peinliche und lächerliche Art des Widerstands gegen eine »überfremdete« Armee.

Am Ende wurde ich trotz aller Verfehlungen als Obergefreiter aus meiner Grundwehrdienstzeit entlassen. Ich kehrte nach Hause zurück und stand erneut ohne Beruf, ohne Ausbildung und ohne jede Perspektive vor meinen Eltern, die zu ihrem Leidwesen erkennen mussten, dass die Bundeswehr aus mir keinen anderen Menschen gemacht hatte. Irgendwie blieb alles beim Alten.

12

Im Häuserkampf

Die Stimmung in meinem Elternhaus wurde immer schlechter. Meine Eltern waren, besonders nachdem sie erkennen mussten, dass auch der militärische Drill meine Einstellung nicht verändert hatte, ratlos und verzweifelt. Der Junge, der als Kind nun wirklich nicht auffällig gewesen war und unter anderen Umständen mit Sicherheit gute Voraussetzungen gehabt hätte, als Erwachsener ein ordentliches Leben zu führen, saß auch mit 18 Jahren nur auf seinem Zimmer, hörte aggressive Musik, trank zu jeder Tageszeit Alkohol und verkehrte mit einer Bande junger Nazis, deren Gesinnungsgenossen in der Vergangenheit bundesweit durch Brandstiftung und Morde schreckliche Berühmtheit erlangt hatten.

Es dauerte nicht allzu lange, bis auch ich mich meiner ersten schweren Körperverletzung schuldig machte – indem ich meinen Stiefvater fast krankenhausreif schlug.

Der Auslöser war vergleichsweise banal. Ich war dabei erwischt worden, wie ich gemeinsam mit Kameraden mit einem Stein das Schaufenster eines Tante-Emma-Ladens einschlug, weil wir uns Alkohol und Zigaretten besorgen wollten Ein Brief der Polizei flatterte in unseren Briefkasten, und mein Stiefvater stellte mich zur Rede.

Er schimpfte auf mich ein, bezeichnete mich als üblen Nazi und dergleichen, und er machte sich über meine privaten Kampfsportversuche lustig. Die Sache geriet völlig aus dem Ruder. Ich kann nicht mehr mit Bestimmtheit sagen, was meine Sicherungen durchbrennen ließ, aber ich ging auf meinen Stiefvater los und trat ihn brutal um. Er fiel gegen ein Möbelstück und stöhnte laut vor Schmerzen. Ich ging zu ihm, packte ihn am Hals und beleidigte ihn aufs Schlimmste. Ich drohte ihm an, dass ich ja mit meinen »Scheiß-Nazis« zusammen zu Hause auftauchen könnte, um ihm mit einem Knüppel die Fresse glatt zu polieren.

Meine Mutter konnte meinen aufgebrachten Stiefvater am folgenden Tag nur schwer davon abhalten, zur Polizei zu gehen. Sie flehte ihn an, mich noch einmal zu verschonen. Er willigte schließlich ein und deklarierte beim Arzt seine schlimmen Verletzungen als Folgen eines Treppensturzes. Dies bewahrte mich davor, wegen schwerer Körperverletzung vor Gericht zu stehen.

Meine Zeit in meinem Elternhaus war nach diesem groben Zwischenfall jedoch beendet. Meine Eltern legten mir nahe, mir eine andere Bleibe zu suchen, was natürlich nachvollziehbar war. Sie hatten in all den Jahren viel erlitten und Dinge erduldet, die eigentlich nicht zu ertragen waren.

Für mich bedeutete diese Entscheidung allerdings, dass ich nach völlig neuen Wegen suchen musste, um über die Runden zu kommen. In meinem Elternhaus hatte ich ein Dach über dem Kopf, der Tisch war immer gedeckt, der Kühlschrank gefüllt, und zur Not standen mir immer Mittel und Wege zu Verfügung, mir Geld zu besorgen, um meinen fragwürdigen Lebensstil einigermaßen zu finanzieren. Damit schien es nun zu Ende zu sein. An meiner Art zu leben änderte das aber nichts. Im Gegenteil. Von diesem Moment an rutschte ich noch weiter in die braune Subkultur ab.

13

Die Zweiraumwohnung

Im Jahr 1998 bezog ich zusammen mit einem Klassenkameraden und Gesinnungsgenossen, der inoffiziell bei mir unterschlüpfte, zwölf Kilometer von meinem Elternhaus entfernt in Trossin eine Zweiraumwohnung, die ich durch Wohngeld und Sozialhilfe finanzierte. Diese Situation hatte jedoch nur wenige Monate Bestand.

Die Wohnung lag im Parterre. Als ich eines Nachts vor meinem Fenster quietschende Bremsgeräusche hörte, war mir sofort klar, dass das mit mir zu tun haben könnte. Ich konnte mich in letzter Sekunde durch einen Sprung aus dem Fenster retten und flüchten, bevor meine Wohnungstür eingeschlagen wurde. Als ich am nächsten Morgen zurückkehrte, fand ich die komplette Einrichtung zerstört vor. Möbel, Fernseher, Musikanlage – alles war kaputt. Die Wohnung sah aus, wie sie aussehen musste, nachdem ein Sturmtrupp seine Arbeit getan hatte. Ich kannte das, schließlich war ich in der Vergangenheit selbst an solchen Aktionen beteiligt gewesen, vornehmlich in den Wohnungen von Punks und anderen »Feinden«. Was in meiner Wohnung geschehen war, war eine simple Vergeltungsaktion unserer Gegner.

Abgesehen von den üblichen Trinkgelagen in meiner Wohnung und im Trockenkeller hatte sich in meinem Leben etwas geändert. Ich hatte zu meinen Dommitzscher Kameraden eine innere Distanz entwickelt, und es packte mich die Reiselust. Ich beschloss, meinen Cousin, den ich lange Jahre nicht gesehen hatte, in Sachsen-Anhalt zu besuchen. Und so war ich schon bald zusammen mit einem Kameraden, den wir Fisch nannten, unterwegs in das kleine Städtchen Loburg. Da war er, mein Cousin und Gesinnungsgenosse Janeck, mit zahlreichen Tätowierungen, reichlich Knasterfahrung und beeindruckender Trinkfestigkeit ausgestattet. Das Wiedersehen wurde selbstverständlich feuchtfröhlich gefeiert.

Nach und nach lernte ich die Kameraden meines Cousins kennen. So oft es ging, ließ ich mich in der dortigen Szene blicken, und die Kameradschaft in und um das Magdeburger Land wurde mir gut bekannt. Diese Kontakte in Sachsen-Anhalt führten natürlich auch zu Gegenbesuchen in meiner Trossiner Wohnung.

Als wir eines Abends wieder einmal im Trockenraum des Hauses, in dem sich meine Mietwohnung befand, ausgiebig Bier und Schnaps zusprachen, kam mein Stiefvater zu Besuch. Ich freute mich, ihn nach langer Zeit wiederzusehen. Er selbst wollte nur einmal nachschauen, wie es seinem Sohn ging. Ich lud ihn ein, mit uns etwas zu trinken, und trotz meiner durch den Alkohol bereits reduzierten Wahrnehmungsfähigkeit bemerkte ich, wie er sich mit meinen Gesinnungsgenossen, die zum größten Teil ehemalige Schulkameraden waren, unterhielt.

Als ich meinen Stiefvater um Zigaretten bat, erklärte er, er hätte noch eine Schachtel im Auto liegen. Auf meine Frage nach dem Autoschlüssel antwortete er lächelnd, dass er mir diesen niemals aushändigen würde. Ich hatte jedoch längst bemerkt, dass der Schlüssel aus seiner Hosentasche hervorlugte. Es gelang mir, den Autoschlüssel zu entwenden, ohne dass mein Stiefvater es bemerkte. Unter dem Vorwand, austreten zu müssen, ging ich zum Wagen hinaus.

Die weiteren Ereignisse sind schnell erzählt: Ich »lieh« mir den Wartburg meines Stiefvaters aus und startete, ohne im Besitz eines Führerscheins zu sein, Richtung Torgau. Die Fahrt endete nach rund 200 Metern, als ich mit voller Wucht frontal gegen einen großen, mindestens 100 Jahre alten Baum stieß. Ich selbst blieb bei der Kollision unverletzt, der Wartburg, auf den mein Vater zu DDR-Zeiten mehrere Jahre lang gewartet hatte, war aber nach der kurzen Spritztour Schrott.

Die Anwohner bemerkten den Unfall und alarmierten sofort die Polizei. Mein Vater ging angesichts des zerstörten Autos auf der Straße weinend in die Knie und verstand die Welt nicht mehr. Auch meine Mutter traf am Unfallort ein. Ihre Tränen berührten mich ebenso wie die meines Stiefvaters, allerdings nur für einen Moment. Als ich am nächsten Morgen in einer Ausnüchterungszelle auf dem Polizeirevier mit einem mächtigen Kater und heftigen Schulterschmerzen aufwachte, verlangte ich sofort meine Freilassung. Es kam zum Verhör, dann zur Anzeige, und schließlich durfte ich das Revier verlassen.

Die Hausgemeinschaft, vor allem der Vermieter, befand, dass ich nur bedingt geeignet sei, unter dieser Adresse zu logieren, und warf mich hinaus. Somit stand ich nach nur sechs Monaten, die ich in meiner ersten eigenen Wohnung verbrachte, wieder mit meinen bescheidenen Habseligkeiten auf der Straße.

Nach unzähligen Gesprächen mit meinen Eltern, demutsvollen Beschwichtigungen meinerseits und dem Versprechen, ich würde mein Leben wieder in den Griff bekommen, wurde mir zu meiner großen Erleichterung die Rückkehr in mein Elternhaus gestattet.

Die Phase meiner glaubhaft dargelegten Wandlung dauerte etwa eine Woche an, dann war auch dieser Lebensabschnitt wieder beendet. Im Streit mit meiner Mutter rutschte mir die Hand aus, und ich traf sie mit voller Wucht auf die Wange. »Du dreckige Schlampe, du verdammtes Judenschwein!« waren die einzigen Worte, die ich an diesem Tag für sie übrig hatte. Ursache des Streits waren lediglich ein paar Zigaretten, die ich ihr geklaut hatte. Als sie mich zur Rede stellte und mich fragte, warum ich meine eigene Mutter bestahl, fühlte ich mich in die Enge getrieben. Sie meinte, ich solle doch einfach für meine Zigaretten arbeiten gehen, daraufhin schlug ich ohne zu zögern zu. Nach diesem Vorfall wurde ich erneut von meinen Eltern vor die Tür gesetzt und stand wieder ganz unten.

Ich war arbeitslos, hatte keinen Wohnsitz, keinen Schulabschluss und keine Ausbildung. An diesem Punkt in meinem Leben wäre zu erwarten gewesen, dass ich innehalten, meine Situation überdenken und doch noch die Reißleine ziehen würde. Ich hatte bis dahin nichts weiter erreicht, als mir unter meinen rechten Kollegen ein fragwürdiges Ansehen zu verschaffen. Ich war 19 Jahre alt, hatte wenig angefangen und nichts zu Ende gebracht, war nach konventionellen Maßstäben auf der untersten Stufe der Gesellschaft angelangt und besaß nahezu keine Zukunftsperspektive. Die Lebenseinstellung, die ich besaß, deutete nur noch in eine Richtung: nach unten.

Diese Selbstreflexion fand jedoch nicht statt. Es gab keine Kehrtwende, keinen Entschluss, mein Leben neu zu gestalten und in eine andere, deutlich bessere Zukunft zu blicken. Da war einfach gar nichts. Wie ein Hund, der sich in einem simplen Reflex den Regen aus dem Fell schüttelt, zog ich einfach weiter. Ich war schließlich nicht ganz allein auf dieser Welt. Ich hatte ja noch meine Kameraden. Und meine Ideale. Und meine Ziele.

Ich war doch ein Widerstandskämpfer, und die Geschichte hatte gezeigt, dass der Kampf gegen die Gesellschaft aus dem Untergrund heraus zu führen war. In diesem Untergrund gab es naturgemäß keine 40-Stunden-Woche, keine Haftpflichtversicherung, keine Rentenbeiträge und keine gesetzlichen Urlaubsansprüche. Wer den Umsturz in Deutschland umsetzen wollte, konnte nicht von Montag bis Freitag als Schreiner arbeiten und an den Wochenenden die Wohnung tapezieren. Das ging nicht, so dachte ich zu jener Zeit, und schon war die Welt nach meinem Empfinden wieder in Ordnung. Meiner Meinung nach war ich auf dem richtigen Weg und sah mich nur verpflichtet, meinen Worten nun endlich auch Taten folgen zu lassen. Und dieser Plan ließ sich selbstverständlich auch umsetzen, wenn man bei einem Kameraden auf der Couch schlief. Das war meine Perspektive!

14

Der Bund Arischer Kämpfer

Zu meinen persönlichen Vorbildern gehörten in jener Zeit neben der Wehrmacht und der verbotenen Wehrsportgruppe Hoffmann, so absurd das klingen mag, auch die Rote Armee Fraktion und die radikalen Islamisten. Über die politischen Ziele der RAF lässt sich zwar, das steht außer Frage, streiten, mich und einen Großteil meiner Kameraden faszinierten jedoch der Mut und der unerbittliche Wille, den diese Vereinigung für die Umsetzung ihrer Pläne aufgebracht hatte. Gleiches galt für die Wehrsportgruppe Hoffmann.

Gleichzeitig war mir im Laufe der Jahre klar geworden, dass man sich auch innerhalb der rechten Szene nur auf sehr wenige Menschen wirklich verlassen konnte. Dieser Aspekt führt uns erneut zur Zwickauer Terrorzelle, die in etwa zur gleichen Zeit zu ähnlichen Erkenntnissen gelangt sein muss und deshalb eine sehr kleine, auf wenige Mitwisser beschränkte Gruppe aufbaute.

Meine Einsicht war dadurch begründet, dass es auch in unseren Kreisen immer wieder vorkam, dass Kameraden, die bei einer Straftat ertappt worden waren, in den Befragungen durch die Polizei von den Vergehen anderer berichteten, die den Ermittlungsbehörden bisher nicht bekannt waren. Sie erhofften sich, dadurch eine Strafmilderung zu erreichen, oder hielten schlicht dem Druck des Verhörs nicht stand. In amerikanischen Krimiserien wird in diesem Zusammenhang von »Deals« gesprochen: Du erzählst uns etwas über die anderen, erklärst uns die Strukturen deiner Gruppe, hilfst bei der Aufklärung von Straftaten, und wir sorgen dafür, dass du noch einmal mit einer Bewährungsstrafe davonkommst. Solche Vereinbarungen sind auch im deutschen Rechtssystem geläufig, und sie waren für alle von uns extrem gefährlich.

Ich war zu jener Zeit mit meinen ungefähr 19 Jahren fest entschlossen, eine schlagkräftige Untergrundbewegung zu gründen, die Angriffe auf Repräsentanten des demokratischen Staats durchführen sollte – der klassische Rechtsterrorismus mit Bombenattentaten und Brandstiftungen. Einen Namen für die Organisation hatte ich auch schon gefunden: Bund Arischer Kämpfer, abgekürzt BAK, sollte die Gruppe heißen, und es war nun an mir, die geeigneten Kameraden für dieses Unternehmen zu finden.

In der Vergangenheit hatte mich der unbedachte Rat meines Stiefvaters, die Klappe zu halten und gewisse Dinge nicht zu kommunizieren, vor vielen negativen Konsequenzen bewahrt. Ich hatte zwar einige Male vor Gericht gestanden, aber die gegen mich verhandelten Strafsachen waren nur ein Bruchteil dessen, was ich im Laufe der Zeit verbrochen hatte.

Bei der Suche nach potenziellen BAK-Mitgliedern ging ich deshalb äußerst behutsam vor. Zum einen sprach ich einige meiner engsten Freunde an, bei denen ich mir absolut sicher sein konnte, dass sie verschwiegen waren. Bei den anderen, die ich weniger gut kannte und von denen ich nicht wissen konnte, wie sie im Zweifelsfall bei einer Befragung durch die Kriminalpolizei oder die Staatsanwaltschaft reagieren würden, bediente ich mich eines simplen Tricks: Ich sprach nur Kameraden an, die gerade unter Bewährung standen und trotzdem ihre Beteiligung versprachen, da sie voll und ganz von den Idealen der rechten Szene überzeugt waren. Durch diese Verfahrensweise konnte ich mich weitgehend ihrer Zuverlässigkeit versichern, schließlich würden sie sofort wieder ins Gefängnis zurückkehren, würden sie einer Beteiligung an Aktionen der Organisation überführt. Es war wichtig, Plaudertaschen und Angeber vom BAK fernzuhalten. Jungs, die abends nach dem fünften Bier mit Plänen oder Heldentaten prahlten, waren nicht zu gebrauchen. Und von dieser Sorte gab es nun einmal viele.

Es gab noch weitere Eigenschaften, die zukünftige Mitglieder des BAK erfüllen mussten: Entschlossenheit, Kaltblütigkeit und Skrupellosigkeit. Einer, der diese Voraussetzungen uneingeschränkt erfüllte, war Nabi, der in der Gegend als Katzenfänger berüchtigt war und die Felle der Tiere an Kameraden und einen speziellen, äußerst fragwürdigen »Kundenstamm« verkaufte.

Ich kann mich noch sehr gut an einen Abend in der Nähe von Jessen erinnern. Wir hatten unsere Zelte aufgebaut, ein Lagerfeuer brannte, wir grillten Würstchen, tranken, unterhielten uns und alberten herum. Im Laufe des Abends ging uns das Bier aus, und Nabi bot an, von einer Tankstelle Nachschub zu holen.

Nach etwa einer Stunde kehrte er mit einigen Paletten Dosenbier und einem Stoffsack, in dem er eine Katze gefangen hielt, zurück. Wir wussten nicht, was er vorhatte, und es leuchtete niemandem ein, warum er außer den Getränken eine Katze mitgebracht hatte.

Plötzlich griff Nabi in den Sack, zog die Katze heraus, packte sie mit der linken Hand an den Vorderbeinen und mit der rechten an den Hinterläufen und zog mit einem Ruck die Beine des Tieres auseinander. Die arme Katze schrie so laut und erbärmlich, wie ich es noch nie gehört hatte. Dann warf Nabi das Tier bei lebendigem Leib ins offene Feuer.

Alle, wirklich alle sprangen auf und hielten sich die Ohren zu, da das Schreien der Katze unerträglich war. Nabi wurde sofort von zwei, drei Kameraden handfest zurechtgewiesen, aber das Drama war noch nicht zu Ende. Einige Kameraden versuchten, das noch immer lebende Tier mit Stöcken aus dem Feuer zu ziehen. Schließlich erschlugen zwei andere die Katze, deren Fell in Flammen stand, mit großen Steinen, um das Leiden der unschuldigen Kreatur zu beenden.

Der Rest der Gruppe – mich eingeschlossen – saß wie gelähmt um das Feuer. Wir wussten nicht, was wir dazu sagen sollten. Ich selbst war auf einem landwirtschaftlichen Betrieb aufgewachsen. In unserem Haus gab es Katzen und Hunde, seit ich denken konnte. Ich hatte bis zu diesem Zeitpunkt in meinem Leben einiges verbrochen, aber Tierquälerei war mir immer fremd gewesen. Ich weiß noch, wie ich Nabi, nachdem ich den ersten Schrecken überwunden hatte, fragte, warum er das um Gottes willen getan habe. Er sah mich gelangweilt an und murmelte etwas von »Scheiß-Vieh«. Dieser Kerl hatte keinerlei Skrupel und war somit ein Musterkandidat für den BAK. Ich persönlich empfand noch Tage und Wochen später quälendes Mitleid mit dieser Katze.

Situationen wie diese waren jedoch die einzigen Momente, in denen ich so etwas wie Mitgefühl entwickelte. Wenn ein Mensch, den wir zusammengeschlagen hatten, blutüberströmt auf dem Boden lag, hatte ich Vergleichbares nie gespürt. Diese Tatsache gibt mir heute sehr zu denken – mehr, als mir manchmal guttut.

Für die Idee, im BAK endlich signifikante Taten zu begehen, war Nabi schnell zu begeistern. Ich erinnere mich daran, einmal bei ihm zu Hause gewesen zu sein und mich nach den unzähligen Löchern in seinen Wänden und der zertrümmerten Scheibe der Wohnzimmertür erkundigt zu haben. Er erklärte mir lapidar, diese gingen auf seine zahlreichen Wutausbrüche zurück, bei denen er mit den blanken Fäusten auf sein Mobiliar einprügelte. »Wenn gerade keine Katze zu Hand ist«, dachte ich mir damals im Stillen.

Dennoch wurde Nabi nicht in den BAK aufgenommen. Das lag jedoch nicht daran, dass wir dazu nicht bereit gewesen wären. An die Gerichtsverhandlung, die seinen Beitritt vereitelte, erinnere ich mich noch sehr gut. Nabi selbst war natürlich zu dem Termin in voller Montur erschienen, und fast der gesamte Zuschauerbereich war von Kameraden in Springerstiefeln und Bomberjacken besetzt. Zeugen

und Opfer waren durch die schamlose Präsenz von Skinheads aus der Umgebung sichtlich eingeschüchtert. Dennoch wurde gegen Nabi eine Gefängnisstrafe wegen schwerer Körperverletzung verhängt. Ich konnte damals nicht sicher sagen, ob das gut oder schlecht für uns alle war. Einerseits fehlte er dem BAK als schlagkräftiges Mitglied, andererseits möchte ich mir im Nachhinein nicht ausmalen, zu welchen Straftaten er in diesem Umfeld fähig gewesen wäre, denn auf der nach oben offenen Skala des Psychopathentums nahm er nach meiner Einschätzung eine sehr hohe Position ein.
Letztendlich traten etwa 20 bis 25 Mann dem Bund Arischer Kämpfer bei. Bereits in der Vorbereitungsphase hatten wir mit den recht militant aufgestellten Skinheads Sächsische Schweiz (SSS) regen Kontakt, die wir aufgrund ihrer langjährigen Erfahrung um Rat hinsichtlich Strukturen, Ausbildung und Waffen baten. Den gaben sie uns auch. Zu allererst nannten sie uns den Ort Ústí nad Labem in Tschechien, in dem man Ausbildungslager aller Art abhalten konnte.

15

Im Untergrund

Der Bund Arischer Kämpfer existierte nun also tatsächlich. Das bedeutete natürlich nicht, dass die Gründung der Gruppe in einschlägigen Publikationen veröffentlicht wurde. Außer den etwas mehr als 20 Mitgliedern durfte niemand von ihrer Existenz erfahren. Man traf sich weiter regelmäßig mit den anderen Kameraden aus der rechten Szene, denn eine Zugehörigkeit zu dieser Vereinigung sollte keiner Abspaltung gleichkommen. Allerdings war ein Abend pro Woche allein dem BAK vorbehalten. Dieser geschlossene Kreis fand sich, sofern das möglich war, reihum bei den Mitgliedern zu Hause ein oder an Plätzen im Wald.

Die Kommunikation innerhalb der Gruppe erfolgte allein durch Mundpropaganda – keine E-Mails, keine Briefe und schon gar keine Telefonanrufe. Von verschiedenen anderen Gruppierungen war uns bekannt, dass die rechte Szene massiv beschattet wurde. Ob das nun durch den Verfassungsschutz, den Staatsschutz oder die Polizei geschah, war uns gleichgültig, wir wollten diesbezüglich einfach keinerlei Risiken eingehen. Wann immer innerhalb des BAK eine dringende Nachricht übermittelt werden musste, wurde ein Mitglied losgeschickt, um diese persönlich zu überbringen.

Einer von uns besaß den sogenannten *Ratgeber für Aktivisten* und verschiedene Ausbildungsbücher der Nationalen Volksarmee, durch die wir unser Wissen über Überwachungsmaßnahmen und Tarnung ständig erweiterten. Wir erfuhren aus dieser Lektüre beispielsweise, dass der Staat gelegentlich Lippenleser einsetzte, und unterhielten uns deshalb nie auf offenen Plätzen oder an gut einsehbaren Orten über Be-

lange des BAK. Da diese Erkenntnisse in der gesamten Szene verbreitet waren, ist es nicht weiter verwunderlich, dass die Zwickauer Zelle so lange nahezu ungestört ihr grausames Werk verrichten konnte.
Die geheimen Treffen des BAK, das Leben im Untergrund, empfanden wir als deutlich aufregender und spannender als die ständigen Trinkgelage und ereignislosen Zusammenkünfte in Dommitzsch, Torgau oder anderswo. Ich selbst hatte mich in jener Zeit wieder ein wenig mit meinen Eltern versöhnt und übernachtete gelegentlich zu Hause in Polbitz. Unser Anwesen, dieses riesige Haus mit seinen unzähligen unbewohnten Räumen, bot einen idealen Treffpunkt für die Mitglieder des BAK. Mitunter verabredeten wir uns auch in Sachsen-Anhalt. Unsere Spur sollte so verwirrend und wenig nachvollziehbar sein wie möglich. Der Name unserer Organisation wurde innerhalb unseres Kreises nie ausgesprochen. Wir wussten, dass wir existierten, darüber reden mussten wir nicht.
Wenn ich den BAK heute aus der zeitlichen und vor allem ideologischen Distanz heraus betrachte, fällt mir auf, wie ähnlich diese Zusammenkünfte den vorangegangenen Kameradschaftstreffen waren. Genau wie in der »Glatze« und an anderen Orten verbrachten wir unsere Zeit damit, Alkohol zu trinken, Sprüche zu klopfen, dummes Zeug zu reden und laute Musik zu hören. Aus heutiger Sicht würde ich davon ausgehen, dass etwa 80 Prozent der Faszination des BAK der Reiz des Verbotenen und der Spaß in der Gruppe Gleichgesinnter ausmachten. Wenn überhaupt, waren allenfalls 20 Prozent politische Ideologie im Spiel. Diese kam auch nur in der ersten Stunde unserer Treffen zum Tragen, denn danach waren üblicherweise alle betrunken und nicht mehr dazu in der Lage, einen klaren Gedanken zu fassen. Aber, wir nahmen uns ernst!
Nach ein paar Wochen allerdings, als wir uns bei Loburg in Sachsen-Anhalt auf einem ehemaligen russischen Militärgelände mit einer befreundeten Gruppe trafen, erhielt die ganze Sache eine neue, au-

ßergewöhnliche Dimension. Unsere Freunde führten uns über die im Verfall begriffene Anlage, bis wir im Keller eines der leer stehenden Gebäude in einen mit Tischen und Stühlen eingerichteten Raum kamen, in dem sie uns stolz ihr Arsenal zeigten.

Eine Munitionskiste stand auf dem Boden, eine Kalaschnikow und einige Luftgewehre lehnten an der Wand, in einer weiteren Kiste lagen zwei Mörserraketen. Die Loburger erklärten, dass sie die Waffen und die Munition Jahre zuvor von russischen Soldaten im Tausch gegen ein paar Flaschen Schnaps und ein paar Deutsche Mark erhalten hatten.

An diesem Abend beschloss ich zusammen mit Mücke, einem meiner engsten Vertrauten im BAK, mit Luftgewehren auf asiatische Gemüsehändler zu schießen. Ganz im Sinne von *Romper Stomper*, wie wir grinsend bekundeten. Töten wollten wir diese Menschen nicht, dazu waren wir noch nicht bereit. Es ging uns vielmehr darum, die »Fidschis«, wie wir sie nannten, leicht zu verletzen und diese »Bastarde« ein wenig zu erschrecken. Es sollte so etwas wie ein Warnschuss sein.

16

Eine explosive Mischung

Das Phänomen Hass basiert meist auf erstaunlich simplen, aber gleichzeitig unerhört erschreckenden Voraussetzungen. Ich stelle mir heute immer wieder die Frage, was mich und meine Kameraden damals wirklich einte: die fragwürdigen politischen Ziele oder der Hass auf unsere Feinde?

Wir hassten Ausländer, obwohl es in unserer Gegend kaum welche gab. Wir hassten die Juden, obwohl keiner von uns jemals einen Anhänger dieser Religion kennengelernt hatte. Wir hassten die Punks, weil sie anders waren. Wir hassten, weil wir hassen mussten und weil uns dieser Hass für viele Dinge eine Erklärung lieferte, deren genaue Analyse uns ansonsten bitter aufgestoßen wäre.

Während meiner Zeit im Gefängnis fiel mir auf, dass dort anscheinend nur Unschuldige einsaßen. Welcher Strafgefangene gibt schon offen und ehrlich zu, dass er etwas Schlimmes verbrochen hat und völlig zu Recht seine Strafe abbüßt? Zwischen den Gitterstäben schwirren vielmehr unzählige Ausreden, schwache Erklärungsversuche und fadenscheinige Verschwörungstheorien umher. Wo ist der Gefangene, der folgendes Geständnis ablegt: »Ich hatte keine Lust zu arbeiten und fand es viel schöner, anderen Menschen ihren Besitz zu entwenden. Es hat mir nichts ausgemacht, andere zusammenzuschlagen und auszurauben.«

Bei uns in der rechten Szene war es nicht anders. Um das zu verdeutlichen, muss ich nicht besonders tief graben. Es reicht, wenn ich mir selbst aus heutiger Perspektive einige Fragen stelle:

Hatten Juden mich daran gehindert, einen Schulabschluss zu machen?

Waren Türken daran schuld, dass ich keinen Ausbildungsplatz antrat? Trugen Schwarze die Verantwortung dafür, dass ich mich den ganzen Tag über betrank und meine Zeit vergeudete?

Lag es an den behinderten Menschen, dass in unserer Region Arbeitsplätze abgebaut sowie Kindergärten und Tagesstätten geschlossen wurden?

Kein Ausländer brachte mich jemals um einen Arbeitsplatz. Um welchen denn? Um die Arbeitsstellen, für die ich mich nie beworben habe? Gab es in meiner Schule nur türkische und asiatische Lehrer, die mich nicht leiden konnten und mich deshalb vor die Tür setzten? Die Antworten auf die oben genannten Fragen sind eigentlich klar. Während meiner Zugehörigkeit zur rechten Szene war ich jedoch davon überzeugt, die Wahrheit zu kennen. Ich glaubte zu wissen, welches Spiel aufgrund von zionistischen Einflüssen hinter den Kulissen der sogenannten Weltordnung gespielt wurde. Wenn ich ehrlich bin, wären die korrekten Antworten für mich zu enttäuschend gewesen. Ich hätte mich eingehend und kritisch mit mir selbst auseinandersetzen müssen und wäre am Ende vor einem persönlichen Trümmerhaufen gestanden, der kaum zu beseitigen gewesen wäre. Parolen wie »Scheiß-Ausländer«, »Drecks-Türken« oder »Judenpack« zu folgen, war einfacher. Wir stießen auf diese Überzeugungen an und ließen auf der Straße unseren Aggressionen freien Lauf.

In Wahrheit schob die Gruppierung, die maßgeblich zu meinem persönlichen Abstieg beitrug, die Schuld auf andere. Nicht Türken, Schwarze, Asiaten, Behinderte oder Juden waren für mein Scheitern verantwortlich, sondern die Ideologie, die den Hass auf diese Menschen schürte. Diese Maschinerie ist noch heute ein höchst gefährliches Perpetuum mobile. Eine perverse Logik. Diese Spirale läuft immer weiter. Sie ist endlos und führt doch immer nur in eine Richtung: abwärts. Ganz weit abwärts!

Und der Hass trieb uns immer weiter an. Im Bund Arischer Kämpfer planten wir, ein Asylbewerberheim in Neiden in Brand zu setzen. Wir wollten etwas Großes veranstalten, etwas, das ein Zeichen setzen würde. Wir hatten uns in einen Rausch hineingeredet und malten uns aus, wie die Aktion verlaufen würde und wo die Brandsätze am besten zu platzieren seien. Wir konnten den Rauch, der über dem Wohnheim aufsteigen würde, förmlich riechen. Glücklicherweise setzte doch noch die Vernunft ein, und der Plan wurde verworfen.

Aber nicht etwa wegen der zu erwartenden Opfer! Nein, darüber hatten wir uns nun wirklich keine Gedanken gemacht. Die Abkehr von diesem aberwitzigen Vorhaben war vielmehr dadurch begründet, dass wir davon ausgehen mussten, bei einer Aktion dieser Größenordnung ins Fadenkreuz der Behörden zu geraten. Also suchten wir uns ein anderes Ziel, eines mit klassischer Symbolkraft, aber deutlich geringerem Fahndungsdruck.

Es war im Spätsommer 1998. Wir hatten im Garten eines Kameraden in Beilrode bis in die Nacht hinein gegrillt und unzählige Flaschen Bier und Schnaps getrunken. Einer spontanen Idee folgend, gingen wir zum Bahnhof Beilrode. Der dortige Dönerwagen war unser Ziel. Die Sache ging recht schnell. Wir brachen die Tür des Imbisswagens auf, setzten ein paar Servietten und Kartons in Brand und machten uns rasch wieder davon. Zwei Tage berichtete die Zeitung von diesem Vorfall. Die Täter blieben unerkannt.

Wir hatten ein Zeichen gesetzt, so glaubten wir. Die mehrere Kilometer entfernte Zwickauer Terrorzelle muss ähnlicher Überzeugung gewesen sein und setzte ihre Signale mit deutlich drastischeren Mitteln. Und da gab es noch die vielen anderen Gruppierungen, die namenlosen und die, die eine Bezeichnung trugen, die Gruppen in Sachsen, in Thüringen, in Mecklenburg-Vorpommern, in Sachsen-Anhalt. Es waren viele. Und es sind heute noch viele!

17

Die Kampfausbildung

Im Bund Arischer Kämpfer gab es Überlegungen, mit dem Syndikat Dessau ein Bündnis einzugehen. Das Syndikat Dessau war eine schlagkräftige Truppe, die bereits bei vielen Aktionen bewiesen hatte, dass sie vor nichts, oder nur sehr wenig, zurückschreckte. Die Gruppierung hatte jedoch aus meiner Sicht einen entscheidenden Fehler begangen: Sie hatte in der Vergangenheit viel zu offensiv mit ihrem Namen geprahlt.

Das war etwas, was wir beim BAK unbedingt vermeiden wollten. Unser Gruppenname existierte im Grunde nur intern. Der Bund besaß kein Logo, es wurden keine Flugblätter verteilt und keine öffentlichen Veranstaltungen abgehalten. Selbstverständlich hätte der BAK zu geselligen Grillabenden oder munteren Trinkgelagen einladen können. Dann aber wäre mit größter Sicherheit irgendwann die Polizei aufgetaucht und hätte nach dem Feuer in Beilrode gefragt. Oder nach der »Grundsanierung« eines linken Jugendclubs. Oder nach den Wandschmierereien in Torgau und Dommitzsch. Das wollten wir umgehen, und deshalb wurde die Kooperation mit dem Syndikat Dessau zu den Akten gelegt.

Für den BAK stand vielmehr die Reise nach Ústí nad Labem auf dem Programm – der Besuch unseres ersten Ausbildungscamps für den bewaffneten Kampf des Untergrunds.

Bei dem Camp im benachbarten Tschechien, das uns die Mitglieder der Gruppe Skinheads Sächsische Schweiz empfohlen hatten, handelte es sich um einen einsam gelegenen Gutshof. Auf dem riesigen Grundstück lagen tief in den Wäldern versteckt einige Holzbaracken und Lagerstätten. Das Anwesen gehörte einem Tschechen, der, ob er nun gesinnungstreu war oder nicht, keine Fragen stellte. Er verlangte 20 Mark pro Mann für ein Wochenende und ließ seine »Kunden« tun und lassen, was sie wollten.

An unserem ersten Lagerwochenende nahmen insgesamt 15 Mitglieder teil. Als wir nach der mehrstündigen Fahrt in Ústí nad Labem ankamen, präsentierte uns ein tschechischer Kamerad eine Kiste mit Waffen und Munition. Unser kleines Arsenal für den Trainingseinsatz umfasste ein deutsches G-3-Sturmgewehr, das ich aus der Zeit meines Grundwehrdienstes sehr gut kannte, ein russisches Nikonov AN-94, einige Luftpistolen und verschiedene professionelle Armbrüste. Für Letztere hatten wir uns in jüngster Zeit besonders interessiert, da sie die Möglichkeit boten, absolut lautlos und dennoch effektiv zu schießen.
Unser Ausbildungslager darf man sich nun nicht so vorstellen, wie man es aus Berichten aus dem Nahen Osten oder anderen Krisenregionen kennt. Wir wurden dort nicht etwa von ehemaligen Elitesoldaten der Nationalen Volksarmee oder gar von der sowjetischen Armee unterrichtet. Die Ausbildung erfolgte autodidaktisch.
Jeder von uns hatte sich im Vorfeld mit spezifischen Themenbereichen befasst, wie etwa Tarnung, Waffenkunde, Sprengstoff, Jagen und Überlebenstraining, und brachte nun seine Kenntnisse als »Experte« in die Gruppe ein. Für die Vorbereitung hatte man sich mit Literatur eingedeckt, zum Beispiel mit den Survival-Büchern von Rüdiger Nehberg, mit Handbüchern der Armee oder mit Material aus der rechten Szene, und diese an den Wochenenden studiert. Nun wurden die gewonnenen Erkenntnisse gemeinsam im praktischen Training erprobt. In den Hütten und Baracken des Camps, das einst vielleicht ein tschechisches Pfadfinder- oder Pionierlager gewesen war, konnte man beispielsweise hervorragend den sogenannten Häuserkampf üben, der unserer Meinung nach unbedingt zu perfektionieren war, wollte man erfolgreich einen Jugendclub stürmen.

Zu meinen Stärken gehörte die Naturkunde. Dieses Thema hatte mich schon in meiner Kindheit interessiert, und so gehörte es zu meinen Aufgaben, der Gruppe beizubringen, wie man sich in der freien Natur ernähren konnte, welche Pilze und Kräuter essbar waren und von welchen Beeren man besser die Finger ließ. Zu diesem Spezialgebiet zählten auch die Erläuterung der Möglichkeit, Wasser zu filtern, das Aufzeigen alternativer Wege, um Feuer zu machen, und vieles mehr.
Das Wissen der gesamten Truppe wurde gewissermaßen in einen Topf geworfen und mit allen geteilt. Zusätzlich veranstalteten wir Fitness- und Ausdauertests wie 30-Kilometer-Geländemärsche und Schnelligkeitsübungen. Wir lernten, dass man sich auf der Flucht die Sohlen von den Schuhen abschnitt und sie umgekehrt, mit der Ferse nach vorne, wieder befestigte, um Verfolgern die falsche Marschrichtung vorzugeben. Auch Schulungen im korrekten Umgang mit Waffen und Sprengstoffen standen auf dem Programm.
Wir lernten in Tschechien beispielsweise auch, aus Pilzen und Tierkadavern Gifte zu extrahieren, die im Kampf als Waffen eingesetzt werden konnten. Aus heutiger Sicht mag diese Veranstaltung wie ein Pfadfinderlager für gelangweilte Skinheads erscheinen. Sie besaß tatsächlich etwas von einem Abenteuerspielplatz für Erwachsene. Die Tatsache jedoch, dass dabei zum Teil gefährliches Wissen eingebracht und mit anderen geteilt wurde, verleiht den Aufenthalten einen meiner Meinung nach wenig amüsanten Charakter. Es gilt auch zu berücksichtigen, dass, obwohl in den Baracken und Hütten viel Alkohol konsumiert und gefeiert wurde, dies nicht der alleinige Zweck der Veranstaltung war. Dafür hätten wir nicht so weit fahren müssen, denn betrinken konnten wir uns auch in Sachsen oder Thüringen. Nach jedem dieser Lagerwochenenden waren alle Teilnehmer tatsächlich paramilitärisch besser ausgebildet.
Letztendlich stellt sich doch nur die Frage, welchen Sinn es hatte, irgendwo in einem tschechischen Wald auf Tiere, Puppen oder Sand-

säcke zu schießen. Steckte dahinter der Wunsch oder die Absicht, diese Fähigkeit eines Tages auf Menschen anzuwenden? Die Antwort ist eindeutig: Ja! Meiner Ansicht nach waren nicht alle Teilnehmer dazu in der Lage, tatsächlich einmal Menschen mit Schusswaffen oder Sprengstoffen anzugreifen. Das ließ sich damals leicht bei den abendlichen Gesprächen am Lagerfeuer feststellen. Aber es waren doch einige mit an Bord, die bis zum Äußersten gegangen wären und letztlich zu wirklich allem fähig waren.

Im Jahr 1998 waren wir in unterschiedlicher Besetzung dreimal in Tschechien und einmal in einem vergleichbaren Lager in Polen. Die Kosten für unsere paramilitärische Ausbildung trug – und das ist aus heutiger Sicht besonders interessant – meines Wissens zum überwiegenden Teil eine der größten rechten Parteien Deutschlands.

Wenn das tatsächlich der Fall war, handelte es sich bei der Subventionierung genau genommen um eine verschleierte Parteienfinanzierung. Da zwei BAK-Mitglieder auch der Partei angehörten, konnten wir uns auf zuverlässige und unkomplizierte Förderung durch sie verlassen.

Eines der Parteimitglieder in unseren Reihen war arbeitslos, verfügte zu unserem Erstaunen aber stets über Geld. Woher diese Mittel stammten, sei der Fantasie jedes Einzelnen überlassen, doch dieser Junge war es auch, der die Finanzierung unserer Tschechien-Reisen regelte. Ich fragte ihn einmal, ob der BAK nicht auch Aktionen durchführen könnte, die ganz im Sinne der Partei wären. Er erklärte mir, das wäre überhaupt kein Problem, das Ganze müsse nur nach außen hin einen »offiziellen Anschein« wahren. Wie das funktionierte, erfuhren wir schon bald.

In der Regel sah die Finanzspritze der Partei so aus, dass wir offiziell Mittel zur Verfügung gestellt bekamen, um Informationsmaterial wie Flugblätter und Plakate herstellen zu lassen. Die tatsächliche Verwendung der Gelder war in Parteikreisen natürlich bekannt. Fast jedes führende Mitglied wusste von den Lagern in Tschechien, Polen oder Sachsen, weil entsprechende Informationen kursierten oder weil diese Personen selbst schon einmal dort gewesen waren.

Von den paar Hundert Mark, die wir in bar überlassen bekamen, wurden dann tatsächlich eine Handvoll Flugblätter gedruckt, damit der Schein gewahrt blieb. Der größte Teil des Geldes war somit frei und floss »ganz legal« in die Aufwendungen für die Lager. Damit wurden Bahnkarten bezahlt, Benzinrechnungen beglichen und die Gebühren gedeckt, die wir in Tschechien vor Ort entrichten mussten.

Das Ganze wurde durch Scheinrechnungen für Druck- und Papierkosten belegt und lief, so nehme ich an, bei der Partei ganz einfach in die Buchhaltung. Nach außen hin sah alles völlig legal aus. Gegen die Finanzierung von Flugblättern und Plakaten gab es rechtlich nichts einzuwenden. Dass eine deutsch Partei jedoch womöglich versteckt paramilitärische Ausbildungslager rechtsextremistischer Gruppierungen finanzierte, dürfte nicht im Sinne unserer Verfassung sein.

Die Partei war also regelmäßig mit zwei Mitgliedern bei unseren BAK-Lagern im Ausland vertreten. Und nicht nur das: Die Lager waren in der Szene und in Parteikreisen sehr gut bekannt und überdies meist ausgebucht. Die rechte Szene war mit Gruppen aus der ganzen Republik fast ständig in Ústí nad Labem vertreten, und das lag nicht daran, dass in Tschechien das Bier besser schmeckte.

Der Name »Bund Arischer Kämpfer« fiel bei der Beschaffung der Mittel selbstverständlich nicht. Den Verantwortlichen wurde lediglich mitgeteilt, dass eine Gruppe von Gesinnungsleuten aus Sachsen beabsichtigte, in Tschechien Ausbildungslager für die Arbeit im Untergrund abzuhalten. Gemäß der Maxime, bezüglich unserer Organisation Geheimhaltung zu bewahren, wurde nicht preisgegeben, um welche Gruppierung es sich dabei handelte.

Durch diese Form der Abwicklung wurden meines Wissens eine ganze Reihe »nationaler Projekte« finanziert. Ob bei der Anmietung von

Clubs, Grundstücken oder Hütten, in denen rechte Gruppierungen Veranstaltungen abhielten – der Buchhaltung wurden Rechnungen für Flugblätter oder Broschüren zugesandt, wodurch die Finanzierung durch die Partei, so wurde es mir erklärt, gewährleistet war.
Als Gegenleistung brachten Gruppen wie der BAK auf Parteiveranstaltungen ihre Arbeitskraft ein. Sie bauten Stände auf, übernahmen die Security für einen Ortsverband oder entsandten weniger stark tätowierte und nicht vorbestrafte Kameraden zur Nachwuchsarbeit in die Provinz.
Ich selbst fiel für Aufgaben, die eine gewisse Außenwirkung beinhalteten, aus, da ich sowohl durch mein Aussehen als auch aufgrund meines Vorstrafenregisters fast jedes Klischee eines gewaltbereiten Skinheads erfüllte. Kameraden meines Schlags waren dennoch der Partei für die Hintergrundarbeit von Nutzen.
Die Kontaktaufnahme mit den Funktionären war unkompliziert. Auf fast allen einschlägigen Konzerten und Veranstaltungen mit Informationsständen war rhetorisch geschultes Personal anwesend, oft trat die Partei selbst als Veranstalter auf. Die Gespräche verliefen reibungslos, schließlich war man sich in der Sache einig: Ihr unterstützt die Partei, im Gegenzug erhaltet ihr Hilfe bei der Finanzierung einer Immobilie oder einer Fahrt nach Tschechien. Fertig.
Und so saß ich nicht nur hin und wieder im Bus oder Zug nach Ústí nad Labem, sondern mitunter auch in einem Auto vor einem Landgasthof, in dem die Partei eine Versammlung abhielt, aufgrund derer mit Aktionen von Antifa-Gruppierungen zu rechnen war. Nach dem Ende der Veranstaltung aß man auf Parteikosten ein Rahmschnitzel, trank ein paar Flaschen Bier und ging auf eine Party. All inclusive, versteht sich …
Manchmal übernahm man auch Beschattungsaufträge, die über Mittelsmänner der Partei erteilt wurden. So wurde es uns zumindest erklärt. Die Arbeitseinsätze beinhalteten meist die Observierung von

Personen, die sich gegen »rechts« engagierten. Ob es sich dabei nun um Lokalpolitiker, Pädagogen, Streetworker oder Angehörige der Kirche handelte – wer von uns ins Visier genommen wurde, erfuhr schnell, was es bedeutete, gegen die rechte Bewegung zu sein. Bei den Beschattungen ging es nämlich in vielen Fällen nicht darum, im Verborgenen zu agieren, sondern klar zu erkennen zu geben, wer sich der betreffenden Person an die Fersen geheftet hatte. Diese subtile Form der Einschüchterung – wir wissen, wo du wohnst, wie du lebst und wer zum Kreis deiner Familie gehört – reichte oft aus, um vehemente Gegner unserer Kreise zum Schweigen zu bringen.

Erwies sich diese Methode als wirkungslos, wurde bisweilen zu rabiateren Mitteln gegriffen. Dann zierten die Wände der Wohnhäuser der Zielpersonen plötzlich Hakenkreuze, ihre Autos standen mit abgebrochenen Außenspiegeln und eingeschlagenen Windschutzscheiben im Hof oder waren ausgebrannt. Gelegentlich brannten Bäume in den Vorgärten, manchmal steckten Botschaften oder Warnungen, die sich nicht zurückverfolgen ließen, in den Briefkästen. An Fantasie mangelte es uns bei solchen Aufträgen nie. Und welche Methode auch immer gewählt wurde, ihre Wirkung verfehlte sie nicht. Dabei wussten die Zielpersonen stets, aus welcher Richtung der Wind wehte. Von rechts!

Wir selbst waren zu dieser Zeit natürlich über jede Kooperation mit der Partei erfreut, zumal keiner von uns über reichlich Geld verfügte. Wir hatten unseren Spaß und fühlten uns von Mal zu Mal besser für den Klassenkampf gerüstet. Außerdem leerten wir auf Parteikosten selbstverständlich die eine oder andere Kiste Bier und stießen pflichtbewusst auf die gemeinsame Sache an. So ließ es sich doch ganz gut leben.

18

Eine türkische Hochzeit

Für den Bund Arischer Kämpfer wurde es allmählich Zeit, von der Theorie in die Praxis überzugehen. Wir hatten viele Trainingseinheiten absolviert, waren durch Wälder gerobbt, hatten merkwürdige Käfer und Pflanzen gegessen, den Nahkampf und verschiedene Kampfsportarten geübt und fühlten uns dazu bereit, eine größere Aktion durchzuführen.

Von einem Kameraden hatten wir erfahren, dass in naher Zukunft im Umkreis von Loburg eine türkische Hochzeit stattfinden würde, auf die die ortsansässige rechtsradikale Gruppierung einen Anschlag plante. Wir hatten in Erfahrung gebracht, dass die in türkischen Kreisen übliche Feier in einem kleinen Ort namens Hobeck veranstaltet werden sollte.

Im Vorfeld hatten wir die Gegend ausgekundschaftet. Wir wussten, über welche Wege wir uns anschleichen und wo wir die Autos parken konnten, um nach dem vollbrachten Anschlag rasch flüchten zu können. Die gesamte Vorgehensweise war sorgfältig ausgearbeitet worden, und wir warteten nur noch auf den Tag, an dem wir – im wahrsten Sinne des Wortes – zuschlagen würden.

Ich war also mit Fisch, meinem engsten Vertrauten im BAK, nach Loburg gefahren. Gerade angekommen, waren wir in eine Schlägerei in einer Kneipe verwickelt, die uns als Aufwärmprogramm äußerst gelegen kam. Vor dem Beginn der Aktion wurde ausgiebig Alkohol getrunken, dann machten wir uns im Schutz der Dunkelheit mit abgeklebten Kennzeichen nach Hobeck auf.

Alle Beteiligten trugen schwarze Skimasken sowie langärmlige Kleidung und Handschuhe, um die Tätowierungen zu verbergen. Hosen- und Jackentaschen mussten leer sein, da die Gefahr, in dem Gerangel etwas zu verlieren, zu groß war. An Mobiltelefonen wurden nur zwei Prepaid-Handys mitgenommen. Eines wurde einem Kameraden ausgehändigt, der dem Trupp angehörte, der den Versammlungssaal stürmen würde, das andere einem Mitglied, das draußen Schmiere stehen und uns gegebenenfalls vor dem Anrücken der Polizei warnen würde. Diese Handys waren ausschließlich für diese Aktion angeschafft worden, niemand außer unserer Wache kannte die Telefonnummern. Es war vereinbart, dass alle sofort den Saal verlassen und flüchten würden, sobald dieses Handy klingelte.

In der Vorbereitungsphase war auch besprochen worden, dass der Überfall nur wenige Minuten dauern durfte. Es stand nicht an, sich wie bei einer Saloon-Schlägerei in einem Western in eine ausgedehnte Prügelei zu vertiefen, vielmehr sollte es sich um eine kurze, aber nachhaltige Aktion handeln, bei der möglichst viele Türken möglichst hart getroffen würden. Und dann ging es auch schon los.

Wir schlichen uns in den Schatten der Zäune und Büsche geduckt an den Festsaal heran. Auf das vereinbarte Zeichen hin stürmte die Truppe ohne jede Vorwarnung den Saal. Chaos brach aus. Die Frauen schrien auf, Dutzende Menschen stoben wie vom Blitz getroffen in alle Richtungen. Wir prügelten wahllos mit Baseballschlägern, Knüppeln, Schlagringen und mit mit Quarzsand gefüllten Handschuhen auf jeden ein, der uns in die Fänge kam. Tabus gab es wenige. Aktionen wie diese folgten stets der Parole: Alle außer Kinder und schwangere Frauen!

Unter üblen rassistischen Beschimpfungen wie »Kanaken«, »Dreckspack« und anderen Kraftausdrücken schlugen wir den Versammlungsaal innerhalb von nur drei Minuten kurz und klein. Dann war der Überfall ebenso unvermittelt, wie er begonnen hatte, vorbei. Wie von einer unsichtbaren Schnur gezogen, flüchteten alle Angreifer nach draußen, verteilten sich auf die Fahrzeuge und machten sich in alle Himmelsrichtungen aus dem Staub.

Vorab war vereinbart worden, dass man sich an diesem Abend unter keinen Umständen noch irgendwo treffen würde. Alle gingen ihrer Wege, die Aktion war damit vollständig abgeschlossen.

In der Szene wurde natürlich über den Überfall gesprochen, zumal in den folgenden Tagen in den Zeitungen zu lesen war, dass mindestens 15 Hochzeitsgäste schwere Verletzungen erlitten hatten. Über die Identität der Angreifer wurde wild spekuliert. Unter den Beteiligten hingegen wurde nie wieder ein Wort über diese Aktion gewechselt. Wir hatten unserer damaligen Auffassung nach ein großes Ausrufezeichen gesetzt – Lob und Anerkennung unserer Kameraden waren für uns nicht von Bedeutung. Und wie wir ja alle wussten, war Schweigen deutlich sicherer.

Uns ging es letztendlich nur darum, Angst zu verbreiten. Ein heutiger Arbeitskollege von mir, der türkischer Abstammung ist und über meine Vergangenheit Bescheid weiß, kam 1998/1999 nach Deutschland. Er sagte mir einmal, dass er damals nie in den Osten der Bundesrepublik gezogen wäre. Auch in der Türkei war also bekannt, in welchem Teil des Landes man sich als Ausländer besser nicht niederließ. Unsere niederträchtigen Abschreckungsversuche erzielten also durchaus die gewünschte Wirkung. Ich gehe davon aus, dass auch die Zwickauer Terrorzelle diesen Zweck verfolgte. Sie dehnte die grausamen rassistischen Anschläge sogar über das ganze Bundesgebiet aus.

Wir wurden nach dem Überfall auf die türkische Hochzeitsgesellschaft in der Nähe von Loburg als Täter nie überführt. Ansonsten hätte einer der Schläger, der stets an vorderster Front aktiv war, später wohl auch kein »ehrbarer« Rechtsanwalt werden können …

19

In Angst und Schrecken

Hinter den Aktionen des BAK stand, wie beschrieben, die Motivation, Angst zu verbreiten. Ohne jemals mit Böhnhardt, Zschäpe, Mundlos oder einem ihrer wenigen Unterstützer in Kontakt gekommen zu sein, werte ich dies auch als Hauptantriebsquelle der Zwickauer Terrorzelle. Die feigen Mordanschläge und das Nagelbomben-Attentat in Köln sprechen eine eindeutige Sprache. Vielleicht werden im Lauf der Ermittlungen noch weitere Aktionen aufgedeckt, die diesem Muster entsprechen.

Wie in den Medien berichtet wurde, blieb gerade die Täterschaft der Zwickauer Gruppe lange Zeit unbekannt. Es war nicht klar, wer hinter den Morden und Attentaten steckte. Die Anschläge hatten jedoch eines gemein: Sie verbreiteten Angst und Schrecken. Die Gruppe hatte sich nicht zu den Taten bekannt, und die Spekulationen der Ermittlungsbehörden lenkten speziell bei den zehn Mordanschlägen den Verdacht auf ganz andere Tätergruppen – eine Tatsache, die der Zwickauer Terrorzelle kaum gefallen haben dürfte. Andererseits hielt jede Spur, jeder Verdacht, der in eine andere Richtung führte, der Gruppe über Jahre hinweg den Rücken frei. Und dies dürfte ganz in ihrem Sinne gewesen sein.

Sprengstoff- oder Brandanschläge auf Asylbewerberheime wären mit Sicherheit eindeutiger gewesen und hätten die rechte Szene viel früher in den Fokus der Ermittlungen gestellt. Allen Rechtsextremen jedoch, und dazu gehörte ich ja auch, war ein freier Rücken weitaus wichtiger als große Publicity.

Es stellt sich die Frage, warum die Zwickauer Terrorzelle und auch die Gruppierung, der ich angehörte, über einen so langen Zeitraum unbehelligt im Untergrund aktiv sein konnten. Über die Zwickauer Gruppe vermag ich nur zu spekulieren. Unsere Gruppierung verfügte stets über sehr gute Kontakte zur Polizei. Das heißt nun nicht, dass wir Zugang zu Beamten des Verfassungsschutzes oder zur Kriminalpolizei hatten. Anknüpfungspunkte boten vor allem die Streifenpolizisten, denen wir im Alltag immer wieder begegneten. Unter ihnen gab es eine Vielzahl von Beamten, die schlichtweg mit unserer Gesinnung sympathisierten, andere wiederum waren uns aus der Schule oder aus dem Sportverein bekannt. Es ist ganz einfach nicht davon auszugehen, dass jeder Polizeianwärter bei Ausbildungsbeginn seine politischen Neigungen und Vorlieben unverblümt kundtat.
Wenn wir auf Polizisten dieser Art trafen, kam es nicht selten vor, dass wir Warnungen erhielten. Wir wussten dann darüber Bescheid, wann und wo welche Polizeimaßnahmen geplant waren, wann Straßenkontrollen, Razzien oder Hausdurchsuchungen durchgeführt werden sollten und von welchen Stadtteilen wir uns zu bestimmten Zeiten besser fernhielten. Dies waren wertvolle Informationen, und es ist nicht auszuschließen, dass auch die Zwickauer Terrorzelle über entsprechende Quellen verfügte.
Gespräche mit der Polizei wurden selbstverständlich nie offen geführt, zumal die Beamten in der Regel zu zweit unterwegs waren und man sich nur selten sicher sein konnte, welche Einstellung der andere Polizist besaß. Vielmehr wurde man üblicherweise von einem gleichgesinnten Beamten zu einer vorgetäuschten Überprüfung der Personalien beiseitegezogen und bekam, somit vor seinem Kollegen versteckt, hilfreiche Informationen zugesteckt. Unabhängig von der Art und Weise, wie solche Gespräche im Einzelfall arrangiert wurden, ließen wir es uns niemals anmerken, wenn wir einen Polizeibeamten kannten.

Darüber hinaus kursierten innerhalb der Szene die Namen von Beamten aus Justizkreisen – von Richtern, Staatsanwälten oder Vollzugsbeamten, von denen bekannt war, dass sie Personen unserer Couleur positiv gegenüberstanden. Es gab Richter, die uns oft sehr milde behandelten. Welche Motivation im Einzelnen auch dahintergestanden haben mag, reiner Humanismus dürfte nicht in jedem Fall die Antriebsquelle gewesen sein.

Und sollte doch einmal alles schiefgegangen sein, konnten wir uns auf ein gut aufgestelltes Heer rechtsorientierter Strafverteidiger verlassen, die praktisch jedem Kameraden über ein gut sortiertes Netzwerk zur Verfügung standen. Einige von ihnen konnte man auch ganz einfach auf einem Rechtsrockkonzert ansprechen – wenn sie nicht gerade auf der Bühne standen und Gitarre spielten ...

Das alles mag bei Böhnhardt, Mundlos und Zschäpe ähnlich gewesen sein, gesicherte Informationen darüber wird es aber vermutlich niemals geben. Ich persönlich kann jedoch bezeugen, dass man in neonazistischen Kreisen nichts von der Zwickauer Terrorzelle bzw. dem Nationalsozialistischen Untergrund wusste – genauso wie auch der Bund Arischer Kämpfer nicht bekannt war. Die Strategie der Verschwiegenheit war in der gesamten Szene verbreitet. Auch die von den Zwickauern verübten Morde wurden in unseren Kreisen kaum thematisiert. Vielleicht gab es hier und da Spekulationen, dass diese Anschläge von Rechten verübt worden waren, gesicherte Kenntnisse darüber besaß, zumindest in meinem Umfeld, aber niemand. Eines war zu jenem Zeitpunkt jedoch klar: Auch unsere Gruppe war gedanklich nicht allzu weit von Tötungsdelikten entfernt.

Als aktiver Neonazi sah und erlebte man im Osten der Republik viel. Ich selbst war einmal zugegen, als ein »Kamerad« einem Ausländer auf offener Straße ein Auge ausstach. Die Gewaltbereitschaft in der Szene war ungemein groß. Nach meinen eigenen Erfahrungen, Beobachtungen und Erlebnissen, aber auch nach den Gefühlen, die ich selbst empfand, zu urteilen, war in puncto Gewalt so gut wie nichts mehr auszuschließen. Von den vielen Geschehnissen, die rund um die Zwickauer Terrorzelle ans Licht gekommen sind, ist mir kaum etwas fremd. Mich verwundert, wenn überhaupt, nur wenig.

Die dichte Vernetzung der rechten Szene vermittelte ein großes Gefühl der Sicherheit. Nicht nur innerhalb der deutschen Subkultur bestanden enge Verbindungen, die Verflechtungen erstreckten sich gewissermaßen weltweit. Die sogenannte »Kameradschaft«, die auch mit deutschen Geldern finanziert wurde, reichte u. a. nach Schweden, Norwegen, Holland, Tschechien, Polen und Österreich und sogar bis nach Südafrika und die USA.

Man hatte damit die Rückversicherung, fast überall auf der Welt im Schutze Gleichgesinnter untertauchen zu können. Ich besaß ein kleines Büchlein, das mit Adressen und Telefonnummern aus unzähligen Ländern gefüllt war. Diejenigen, die mich aus jenen Tagen kennen, wissen, welches kleine rote Buch hier gemeint ist.

Wenn wir zu Konzerten in Deutschland, Tschechien oder Polen fuhren, lernten wir dabei immer Neonazis aus allen Teilen der Welt kennen. Wir tauschten Kontaktdaten aus und konnten uns sicher sein, im Falle des Falles dort Unterschlupf zu finden. Auf diese Weise lernte ich auch einige Kameraden kennen, die bei den Anschlägen auf das Asylbewerberheim in Helbigsdorf im Jahr 1996 eine wichtige Rolle spielten, und einen Gesinnungsgenossen, der bei dem Überfall auf den Jugendclub Train Control im Jahr 1995 beteiligt war.

So paradox es klingen mag – wir tauschten uns auch mit islamistischen Gruppen aus. Wir teilten ein Feindbild: die Juden. Ein solches Treffen fand im Oktober 1998 in Leipzig nahe der Innenstadt in einer Mietwohnung statt. Wir waren keine Freunde, befanden uns aber auf demselben Schlachtfeld. Wir sprachen offen darüber, in Leipzig und Umgebung gemeinsame Feinde zu besitzen, und einigten uns darauf, Informationen und Daten über Personen auszutauschen, die unsere

Zielscheiben waren. Besprochen waren diese Dinge schnell, genauso schnell verliefen sie aber im Sande. Letztendlich ist es Aufgabe des Verfassungsschutzes, diese Verstrickung zu untersuchen. Ich kann jedoch sagen, dass bisweilen auch aus dieser Ecke Gelder in die rechte Szene flossen.

Darüber hinaus existierte in meiner aktiven Zeit noch die HNG, die Hilfsorganisation für nationale politische Gefangene und deren Angehörige. Diese Organisation, die im September 2011 durch den Bundesminister des Inneren Hans-Peter Friedrich verboten wurde, versorgte rechtsextreme Strafgefangene mit Informationsmaterial und bot Mitgliedern der rechten Szene bei juristischen Problemen Hilfestellung. Es obliegt den zuständigen Behörden, die Rolle der HNG im Zusammenhang mit Böhnhardt, Mundlos und Zschäpe zu untersuchen. Mich persönlich würde eine Verbindung zwischen diesem Verband und der Zwickauer Terrorzelle nicht überraschen.

20

Außen hui, innen …

Das Bild, das die Neonazi-Szene nach außen präsentiert, ist auf eine merkwürdige Art und Weise ambivalent. Aus meiner aktiven Zeit kann ich berichten, dass die Mitglieder von rechten Gruppierungen durchaus auf ein ordentliches Erscheinungsbild achteten, was sich in dem antiquierten Kurzhaarschnitt, den gebügelten karierten Hemden und den sorgfältig polierten Stiefeln zeigte. Dieses Aussehen rührte natürlich aus einer geradezu dümmlichen Verehrung für eine Zeit, in der in Deutschland fast jegliche Privatsphäre und Individualität abgeschafft waren und der Staat so gut wie alles vorgab. Er bestimmte, welche Radiosender gehört werden durften, wie das Haar einer Frau geflochten sein musste und wie der Bücherschrank eines jeden Haushaltes auszusehen hatte.

Wir priesen eine Zeit, in der Zucht und Ordnung zu den obersten Prinzipien erklärt worden waren und jede Form des Andersseins geächtet und im Einzelfall sogar unter Strafe gestellt wurde. Wir verehrten einen totalitären Staat, eine Diktatur, die wenigen Menschen zu Privilegien verhalf und den Großteil der Bevölkerung zu unterjochen wusste. Dementsprechend hatte auch ein Skinhead bestimmte Regeln zu befolgen. Diese Überzeugung führte dazu, dass die rechte Szene gleichsam uniformiert wirkte.

In der Öffentlichkeit, bei Einkäufen und Gasthausbesuchen, wurde dieses Erscheinungsbild von älteren Menschen durchaus gewürdigt. Ein Punk mit grünem Irokesenschnitt, zerrissener Hose und löchrigem Kapuzenshirt wirkte auf die ältere Generation oft befremdlich. Ein solches Aussehen ängstigte und erschreckte diese Menschen.

Junge Männer mit kahl geschorenen Köpfen, schwarzen Stiefeln und uniformähnlicher Kleidung boten ihnen dagegen ein vertrautes Erscheinungsbild. Sie kannten es aus einer Zeit, in der für viele von ihnen »die Welt noch in Ordnung war«. »So etwas hätte es früher nicht gegeben«, murmelten Passanten und schüttelten verstört den Kopf, wenn sie einer Gruppe Punks begegneten. Der Anblick marschierender Männer in »ordentlichem Gewand« war hingegen altvertraut.

Aber das war nur die eine Seite. Trotz der gebügelten Hemden und der ordentlich gescheitelten Frisur erweckten die Mitglieder rechtsradikaler Gruppierungen den Eindruck, rückständige, ungebildete Versager zu sein – was im Übrigen auch häufig zutraf. Punks galten als aufgeklärt und einigermaßen gebildet, aber auch als asozial und ungepflegt. Es waren Kerle, die mit ihren Hunden in Parkanlagen herumlungerten, Bier tranken und am Abend eine Müllkippe hinterließen. Dieses Verhalten legten die Rechtradikalen jedoch genauso an den Tag, nur dass sie sich auf privaten Grundstücken trafen und ihre Hunde keine Mischlinge, sondern reinrassige Kampfhunde waren. Letztlich war alles nur eine Frage der Verkleidung.

Wenn ich mir meine damalige Gruppe heute vor Augen führe, fällt mir auf, dass die meisten Kameraden aus geordneten Familien stammten. Die wenigsten kamen aus schlechten oder, wie der Volksmund sagt, asozialen Verhältnissen. Und auch bei diesen ist zu unterscheiden, wie es in ihrem Elternhaus vor und nach der Wende ausgesehen hatte. Nach der Wiedervereinigung gerieten viele ostdeutsche Familien in eine desolate Lage. In vormals respektablen Häusern wurde später getrunken, Eltern mit einst guten Beschäftigungsverhältnissen wurden arbeitslos, manchmal kamen Krankheiten oder andere Schicksalsschläge hinzu. Die Aussage, ein aus solchen Verhältnissen stammender Neonazi hätte einen asozialen Hintergrund gehabt, hält also einer differenzierten Betrachtung nicht stand.

Ich will jedoch nicht verschweigen, dass es in unseren Gruppen ganz unabhängig von den Zuständen zu Hause, auch veritable Psychopathen gab. Der bereits erwähnte Katzenquäler hatte durchaus Kameraden gleichen Kalibers. Einer aus unserer Gruppe wurde Psycho genannt, und er machte seinem Namen alle Ehre. Psycho war fast immer bewaffnet. An manchen Tagen trug er eine Holzlatte bei sich, an deren einem Ende lange Nägel durchgeschlagen waren. Das war immer dann der Fall, wenn er sich, wie er sagte, amüsieren wollte. Wann immer er auf seinen Streifzügen über das platte Land an einer Kuh- oder Schafweide vorbeikam, bereitete es ihm größtes Vergnügen, mit dieser Latte auf die Tiere einzuschlagen. Dieser Kerl war im Grunde immer gereizt und in allem, was er tat, weitgehend unzurechnungsfähig. Er hielt sich selbst für richtig witzig – auch als er eines Tages mitten auf der Straße ohne jedes Schamgefühl mit heruntergezogener Hose sein Geschäft verrichtete.

Einmal beobachtete ich, wie ein Mitglied unserer Gruppe auf eine Schwangere eintrat. Die junge Frau aus Ostdeutschland wartete zusammen mit ihrem schwarzen Freund in der Nähe des Bahnhofs auf den Bus. Sie wurde als »Bimbo-Tussi« beschimpft, das Wort »Rassenschande« wurde gegrölt. Dann ging ihr Freund dazwischen, und schon wurde das Pärchen mit drei Mann angegriffen. Der junge Mann wurde brutal zusammengeschlagen, und als die Frau sich zu wehren begann, rammte einer der Angreifer ihr sein Knie in den Bauch und schlug ihr mit der Faust ins Gesicht.

In Torgau gab es einen ähnlichen Vorfall. Unsere Gruppe traf auf eine etwas fülligere Frau, die von einem Ausländer begleitet wurde. Erst kam es zu den üblichen Beleidigungen, dann wurde der Mann verprügelt und schließlich die Frau, die wegzulaufen versuchte und um Hilfe schrie. Sie wurde zu Boden geworfen und geschlagen. Anschließend gingen wir wie üblich weiter, als ob nichts geschehen wäre.

Aktionen wie diese wurden hinterher auch gar nicht diskutiert. Aus unserer Sicht waren sie schlichtweg Bestandteil des Klassenkampfes. Wir hatten eine politische Mission, bei der Kollateralschäden einzukalkulieren waren. »Wo gehobelt wird, fallen Späne« – mit Floskeln wie diesen waren die Vorfälle abgeschlossen, und die nächste Flasche Bier war überdies auch schon griffbereit.

Ich persönlich – und ich denke, das trifft auch auf die anderen zu – war mit meinem Lebensstil zufrieden. Ich hatte zwar kein Geld, keine Wohnung und keinen Führerschein, aber ich hatte meine Kameraden, und das genügte mir vollkommen. Reihenhäuser, Italienreisen und Hollywoodschaukeln waren etwas für Spießer – für Bücklinge oder Staatsmarionetten, wie wir sie nannten. Im Untergrund, im Klassenkampf, waren solche Attribute völlig unwichtig.

Im Rückblick scheint es für mich dennoch zu dieser Zeit schon die ersten Risse in der braunen Fassade gegeben zu haben. Die rechte Ideologie wies bei genauerer Betrachtung durchaus Widersprüchlichkeiten auf. Das zeigt das Beispiel Michael Kühnen: Kühnen galt in den 1970er- und 1980er-Jahren als führender Kopf der militanten Neonazi-Szene und wurde auch nach seinem Tod im Jahr 1991 von der rechten Bewegung verehrt. Es gab den Kühnengruß, bei dem man den rechten Arm ausstreckte, Daumen, Zeige- und Mittelfinger abspreizte und somit ein »W« für Widerstand formte. Mir persönlich leuchtete es schon damals nicht ein, dass mit der Person Michael Kühnen einem Homosexuellen gehuldigt wurde, der an Aids gestorben war. Mit der rechten Ideologie war das meines Erachtens nicht vereinbar.

Mir war auch unerklärlich, wie man einerseits im Schutz der Dunkelheit Dönerwagen in Brand setzen und andererseits tagsüber an solchen Imbissständen Lahmacun oder Dürüm Döner verzehren konnte. Ich persönlich wollte und konnte solche Brücken nicht schlagen. Entweder – oder! Wie konnte man einen kubanischen Taxifahrer nett finden und ab und an ein Schwätzchen mit ihm halten? Bei anderer Gelegenheit würde man ihn doch in einer Seitenstraße oder auf dem Torgauer Bahnhofsvorplatz brutal zusammenschlagen. Für mich war ein solches Verhalten mehr als widersprüchlich, und ich besaß keinerlei Neigung, mich diesem anzuschließen.

Im Innersten hatte ich schlichtweg Angst davor, Menschen wie kubanische Taxifahrer eines Tages nett zu finden. Gefühle dieser Art hätten mich vor unlösbare Probleme gestellt. Wie hätte ich diese Personen mit einem solchen Empfinden denn im passenden Moment hemmungslos verprügeln sollen? Diesen inneren Konflikt wollte ich unbedingt vermeiden.

Dass es auch in der Geschichtsbetrachtung gravierende Widersprüche gab und ein Großteil unserer Ideologie auf Unwahrheiten beruhte, wussten wir. Es war zu ahnen, dass die historische Forschung weltweit nicht vollständig in jüdischer Hand war und es sehr wohl äußerst unschöne und grauenerregende Wahrheiten in der jüngeren deutschen Geschichte zu akzeptieren galt. Dass der Holocaust nicht die Erfindung von Anhängern des Zionismus war, konnte man sich selbst in unseren Kreisen ausmalen. Dennoch beinhaltete unsere Ideologie eindeutig, die Judenvernichtung, wie sie zum Beispiel in Auschwitz oder Treblinka stattgefunden hatte, zu leugnen.

Unwahrheiten oder halbe Wahrheiten wurden ohne Weiteres akzeptiert. Und auch diese Tatsache ließ sich problemlos rechtfertigen: Es logen doch alle, hieß es immer dann, wenn die logische Argumentationskette nicht weiterführte. Für den Fall, dass der Holocaust schließlich doch als Tatsache anerkannt werden müsste, führten wir Vergehen in anderen Ländern an, um die Tragweite des Vergehens abzumildern. Was war in China oder Japan passiert? Was war mit Stalin oder Honecker – oder Christoph Kolumbus? Hatten die Weißen bei der Besiedlung der Vereinigten Staaten durch die Ermordung der Ureinwohner nicht mehr Menschen vernichtet, als dies im Zweiten Weltkrieg geschehen war?

Die wenigsten von uns hätten eine solche Diskussion auf akademischer Ebene zu Ende bringen können, ohne sich dabei schrecklich zu blamieren. Für die Stammtische und Lagerfeuer reichten diese Argumente jedoch aus. Und wenn alles nichts mehr half, begegneten wir der Kritik mit der schrecklichsten aller Rechtfertigungen: Gesetzt den Fall, der Holocaust habe so wie von den Juden propagiert tatsächlich stattgefunden, dann war er legitim. Die Juden, so argumentierten wir, waren bestrebt gewesen, die Weltherrschaft zu übernehmen, und das galt es ja nun wirklich zu verhindern. Auch der Tatsache, dass in den Vernichtungslagern unzählige Kinder getötet wurden, hatten wir eine Erklärung entgegenzusetzen: Kleine Ratten werden auch einmal groß. Dieser perfiden, schmutzigen Logik folgten wir alle bedingungslos.

21

Der Sündenfall

Wohin mich diese jahrelange auf Wut, Fremdenhass und Gewalt ausgerichtete Prägung führen sollte, zeigte sich im Jahr 1998 am Bahnhof von Dommitzsch. Ich stand an eine Wand gelehnt, als eine indische Familie an mir vorbeiging und mich meiner Ansicht nach anstarrte. Die Blicke des Mannes und der Frau empfand ich als ungeheuer anmaßend und respektlos.

»Gibt es ein Problem?«, stellte ich die junge Familie sofort zur Rede. Der Mann schüttelte ängstlich den Kopf und erwiderte mit einem versöhnlichen Lächeln: »Nein, nein, kein Problem. Sie dürfen ruhig weitergehen!«

Ich dachte, nicht richtig gehört zu haben. Was hatte dieser Mann zu mir gesagt? »Sie dürfen ruhig weitergehen«? Ein Inder wollte mir also sagen, was ich zu tun hatte? Ein Inder erlaubte mir weiterzugehen?

Ich explodierte in Sekundenschnelle. Heute weiß ich nicht, wie es möglich war, derart schnell derart aggressiv zu werden. Ich fing an, den Mann und die Frau zu beleidigen, in der Hoffnung, sie zu provozieren. Die beiden wollten jedoch dem Ärger aus dem Weg gehen und ließen sich nicht darauf ein. Und dann prügelte ich ohne jeden weiteren Kommentar und ohne darüber nachzudenken auf den Mann ein. Als seine Frau ihm schreiend zu Hilfe kommen wollte, schlug ich auch sie.

Ich war wie in einem Blutrausch befangen und in keinster Weise mehr Herr meiner Lage. Ich schlug und trat diese Menschen zusammen, als würde es sich um seelenlose Puppen handeln. Und plötzlich, mitten in diesem ekstatischen Gewaltausbruch, hörte ich die schrillen Schreie des etwa fünfjährigen Kindes des Paares. Ein Kind, ein kleines Kind, beobachtete mich entsetzt und voller Angst, wie ich seine Eltern verprügelte. Und dann ...

Dann trat ich dieses Kind einfach um und rannte davon.

Darf man an dieser Stelle überhaupt noch weiterschreiben, oder sollte man nicht besser den PC herunterfahren und das Buchprojekt ad acta legen?

Mir selbst fehlen in diesem Moment die Worte, und es fällt mir schwer, den Manuel Bauer von damals zu verstehen. Über viele Jahre hinweg war ich nicht zimperlich gewesen, wenn es darum ging, meinen von Rassenhass getriebenen Wahn auszuleben. Ich hatte Menschen körperlich und seelisch verletzt, sie in Angst versetzt und in manch anderer Hinsicht gequält. All dies war jedoch nicht ansatzweise mit dem vergleichbar, was ich der indischen Familie und vor allem ihrem fünfjährigen Kind antat.

Ich habe Jahre später versucht, mich bei dieser Familie zu entschuldigen. Ob sie mir je verzeihen kann, vermag ich nicht zu sagen, aber es wäre mehr als verständlich, wenn sie mich für diese schreckliche Tat ein Leben lang mit Abscheu und Missachtung strafen oder hassen würde.

Ich werde diese Bilder nie vergessen können. Ich muss mit dieser Schuld leben, und ich weiß bis heute nicht, wie ich so tief sinken konnte, ein kleines, unschuldiges Kind zu schlagen.

Selbst in meinem engsten Umfeld stieß diese Tat damals auf Ablehnung. Ich hatte gegen den Ehrenkodex verstoßen: keine schwangeren Frauen und keine Kinder. Dieser Vorfall am Bahnhof von Dommitzsch hing mir noch lange nach. Aber die rechte Gehirnwäsche stattete mich mit dem richtigen Argument aus, um selbst diese unerhörte Tat zu rechtfertigen: Auch kleine Ratten werden einmal groß. Und später würden sie uns vielleicht bekämpfen – als Polizisten, Staatsanwälte oder Richter. An diesen Spruch glaubte ich zu jener Zeit bedingungslos. Und er machte mich zu dem, was ich damals geworden war – zu einem üblen Schläger, der weder vor Frauen noch kleinen Kindern haltmachte. Und im Grunde genommen war man innerhalb der rechten Szene darauf stolz.

22

Die Wehrsportgruppe Racheakt

Anfang des Jahres 1999 hatte ich Post vom Arbeitsamt bekommen. Es ging um eine Arbeitsbeschaffungsmaßnahme, und der Brief erreichte mich zu einem Zeitpunkt, an dem mich das Herumlungern nicht mehr vollständig zufriedenstellte. Ich entschied mich für den Beruf des Maurers und war fest entschlossen, dieses Projekt ausnahmsweise einmal bis zum Ende durchzuhalten. Es war eine gute Möglichkeit, ein wenig Geld zu verdienen. Mein Entschluss hatte eine positive Begleiterscheinung: Das Verhältnis zu meinen Eltern entspannte sich ein wenig, und ich durfte wieder zu Hause einziehen.

Aus ideologischer Sicht stand ich dem Phänomen »ordentliche Arbeit« nichtsdestotrotz kritisch gegenüber. In unserer Gruppe wurde wie in der gesamten rechten Szene häufig die provozierende Frage gestellt, ob man seine Muskelkraft tatsächlich einem asozialen und antideutschen System zur Verfügung stellen sollte. War es mit der neonazistischen Gesinnung überhaupt vereinbar, Steuern für ein System zu zahlen, das man bekämpfen und letztlich beseitigen wollte? Die Ideologie, die hinter diesen Fragen stand, hatte mir jahrelang eine politische Legitimation für meine eigene Bequemlichkeit verschafft.

Der Bund Arischer Kämpfer hatte sich in der Zwischenzeit mehr oder weniger in Wohlgefallen aufgelöst. Unsere Träume und Ziele waren in pseudodemokratischen Diskussionen und Dutzenden von Bierkästen untergegangen, und es hatte sich am Ende gezeigt, dass eine

Gruppe dieser Art nicht ohne Strukturen und Hierarchien funktionieren konnte. Wir hatten es versäumt, eine klare Anführerschaft zu etablieren und klar definierte Positionen zu schaffen. Diese fehlende Gliederung lähmte die Effektivität der Gruppe und ließ die gesamte Bewegung versanden.

Im Rahmen meiner Arbeitsbeschaffungsmaßnahme stieß ich auf drei Kameraden, mit denen ich eine neue Truppe gründen wollte, deren Schlagkraft deutlich größer sein sollte als die des Bundes Arischer Kämpfer. Innerhalb kürzester Zeit hatten wir 15 Mitglieder rekrutiert, neun davon stammten aus dem BAK. Der Name der Gruppe spiegelte die im Vergleich zum BAK deutlich radikalere Ausrichtung wider: Wir nannten sie »Wehrsportgruppe Racheakt«.

Während wir mit dem BAK Treffs von Punkern überfallen und weitere Aktionen durchgeführt hatten, die eher in die Kategorie Vandalismus fielen, setzten wir uns mit der Wehrsportgruppe Racheakt Ziele größerer Dimension. Es bestand einerseits der Plan, den Torgauer Brückenkopf – das gut geschützte Zentrum der Punks – mit Molotowcocktails in Brand zu setzen. Andererseits waren wir fast fanatisch bestrebt, einen Anschlag mit globalen Auswirkungen zu verüben: Wir beabsichtigten, die Klagemauer in Jerusalem mit einem riesigen Hakenkreuz zu beschmieren und damit eine der bedeutendsten religiösen Stätten des Judentums zu entweihen.

Es war uns natürlich bewusst, dass wir dort nicht ohne Weiteres mit einer Spraydose aktiv werden konnten. Dennoch waren wir fest davon überzeugt, einen Weg zu finden, um dieses anscheinend unmögliche Vorhaben zu realisieren. Auch die Tatsache, dass wir nach dieser Aktion für den Rest unseres Lebens vom israelischen Außengeheimdienst Mossad verfolgt werden würden, war uns klar. Aus damaliger Sicht war es jedoch erst einmal nicht verkehrt, ambitionierte Ziele zu haben, auch wenn diese vermutlich nicht die geringste Aussicht auf Erfolg besaßen.

Was die Wehrsportgruppe vom Bund Arischer Kämpfer unterschied, war das klare Bekenntnis aller Mitglieder zu größeren Attentaten. Damit waren Aktionen gemeint, die deutlich über die Anklagepunkte Sachbeschädigung und Körperverletzung hinausgingen. In der Gruppe wurden feste Aufgaben und Verantwortlichkeiten vereinbart. Ein Mitglied war zum Beispiel mit den Recherchen über die Herstellung von Bomben betraut, andere waren für die Bereiche Waffenkunde, Tarnung oder Logistik zuständig. Die Teilnahme an den zweimal pro Woche stattfindenden Treffen war verpflichtend. Wer nicht erschien, musste 20 bis 30 Mark Strafe zahlen und erhielt einen roten Punkt. Bei zehn Punkten wurden Strafarbeiten verhängt.

Die scheindemokratische Struktur des BAK hatte sich als erfolglos erwiesen. Deshalb herrschte innerhalb der Wehrsportgruppe Racheakt die Überzeugung, dass eine diktatorische Führung nötig war. Der Spaß sollte zwar nicht auf der Strecke bleiben, alle Mitglieder waren sich jedoch einig, dass eine gewisse Ordnung herrschen musste.

Die Gruppe traf sich regelmäßig in meinem Heimatort Polbitz. Der kleine Ort lag weit von der nächsten Polizeidienststelle entfernt. Generell schien das Leben zwischen den wenigen Bauernhäusern ruhiger und ungestörter zu verlaufen. Außerdem bestanden in Polbitz gute Möglichkeiten, sich unbeobachtet in der freien Natur auszutoben. Besonders in dem Gebiet eines kleinen Badesees konnten wir wunderbar terroristische Übungen veranstalten und unseren üblichen Freizeitbeschäftigungen nachgehen. Dort testeten wir dann auch unsere erste selbst gebaute Bombe.

Wir beabsichtigten, den Sprengsatz, eine klassische Nagelbombe, mit einer größeren Menge Schwarzpulver zur Detonation zu bringen. Zunächst einmal fingen wir in dem See ein paar Fische und setzten diese in einem Wasserloch am Ufer aus. Daneben stellten wir eine Holzwand auf, um die Durchschlagskraft der Bombe besser beurteilen zu können. Das Paket wurde mittels einer Batterie gezündet. Als die Bombe mit einem ohrenbetäubenden Knall hochging und eine große schwarze Rauchwolke in den Himmel stieg, war es in unserer Gruppe, die sich hinter einen Erdwall geduckt hatte, zunächst einmal gespenstisch still.

Mit einer derart heftigen Detonation hatte wohl keiner von uns gerechnet. Als wir nach den ersten Schrecksekunden vorsichtig zu der Explosionsstelle gingen, sahen wir, dass die Fische in dem Wasserloch in Fetzen gerissen waren. Die Holzwand, die wir neben dem Sprengkörper errichtet hatten, war kaum noch als solche zu erkennen, und zu unseren Füßen tat sich ein erstaunlich großer Krater auf. Es kamen Bedenken auf, dass die Detonation bis in den Ort hinein zu hören gewesen sein konnte. In der Folgezeit reduzierten wir deshalb unsere Experimente ein wenig.

Vor einiger Zeit besuchte ich Polbitz, um noch einmal den Spuren meiner braunen Vergangenheit zu folgen und mir dabei das Gefühl jener Zeit in Erinnerung zu rufen. Die Detonationslöcher, die wir bei unseren Testläufen an dem See hinterlassen hatten, waren noch gut erkennbar. Nach all den Jahren war es förmlich zu riechen, dass an jenem Ort schreckliche Dinge ausgeheckt wurden.

Bei unseren regelmäßigen Treffen entwickelten wir ständig neue Strategien für den in unseren Augen schon bald bevorstehenden Kampf. Wir informierten uns über die Themen Tarnung, Verschleierung und Kommunikation: keine Telefongespräche, keine SMS, keine Aufzeichnungen. Wir wussten hervorragend darüber Bescheid, wie man es vermeiden konnte, Spuren in Form von Fingerabdrücken und Hautschuppen zu hinterlassen, und wie die Rückverfolgung von Briefpost durch verschleierte Poststempel vereitelt werden konnte.

Ich persönlich gelangte im Kreise meiner Racheakt-Kameraden immer mehr zu der Überzeugung, dass ich in meinem Leben noch etwas »Großes« leisten würde. Dabei dachte ich selbstverständlich nicht an gutbürgerliche Vorhaben wie den Erwerb eines Hauses, die Gründung einer Familie oder die Erlangung eines soliden Berufes.

Leitbild unserer Gruppe war, so paradox es klingen mag, die Rote Armee Fraktion. Wir verfolgten das Ziel, eine den Skinheads Sächsische Schweiz und dem Syndikat Dessau vergleichbare, knallharte Truppe aus Torgau zusammenzustellen. Im Grunde waren wir bestrebt, eine Braune Armee Fraktion zu bilden, und hielten uns in unseren Planungsschritten eng an die Strategie unseres Vorbilds.

Dies beinhaltete auch, dass wir zunächst einmal eine Bank überfallen wollten, um uns die Mittel zu beschaffen, die wir für den verschärften Kampf im Untergrund benötigen würden. Wenn heute nachzulesen ist, dass die Zwickauer Terrorzelle ab dem Jahr 1999 mindestens 14 Banküberfälle verübte, bei denen insgesamt rund 600 000 Euro erbeutet wurden, überrascht mich diese Tatsache nicht im Geringsten. Die RAF führte jahrelang vor, wie der Gesellschaftskampf aus dem Untergrund zu finanzieren war. Bei dieser Art Geldbeschaffung spielt es keine Rolle, ob der Terror durch eine linke oder rechte Ideologie motiviert ist.

Die Wehrsportgruppe Racheakt plante, nach dem etwaigen Banküberfall zunächst einmal ein Asylbewerberheim zu überfallen oder in Brand zu setzen. Darüber hinaus war vorgesehen, inmitten einer Antifa-Demonstration eine Nagelbombe zur Detonation zu bringen – und natürlich den Torgauer Brückenkopf, das Zentrum der regionalen Punkbewegung, dem Erdboden gleichzumachen.

Die Mitglieder der Wehrsportgruppe Racheakt konnten hinsichtlich ihrer Herkunft und ihres Charakters nicht unterschiedlicher sein. Da war beispielsweise Bietze, ein extrem bulliger Kerl von etwa 23 Jahren, der wegen der frühen Scheidung seiner Eltern und des langjährigen Gefängnisaufenthaltes seines Vaters bei den Großeltern aufgewachsen war, von seinem Großvater jedoch immer abgelehnt wurde. Er hatte dennoch die Realschule abgeschlossen, eine Dachdeckerleh-

re gemacht und verfügte über eine feste Anstellung. Er wohnte im sogenannten Russenviertel von Torgau, wo er seinen Balkon in den Reichskriegsfarben schwarz-weiß-rot gestrichen hatte. Bietze war äußerst ideologiefest und unglaublich gewalttätig.
Dann gab es Typen wie Römer, der bis zu den Augenlidern tätowiert war und wie ich keinen Schulabschluss und keine Ausbildung hatte. Römer wurde später, mit 21 Jahren, zu einer mehrjährigen Haftstrafe wegen Vergewaltigung verurteilt. Außerdem waren da Rumpel, ein 18-jähriger, arbeitsloser Alkoholiker, und Hannes, der aus gutem Hause stammte – die Mutter war Lehrerin, der Vater Zahnarzt, er selbst hatte Abitur und studierte Tiermedizin.
Auch Ronny, einer meiner besten Freunde aus der Schulzeit, war Mitglied der Wehrsportgruppe Racheakt. Er hatte mehrere Geschwister und war in geordneten Verhältnissen aufgewachsen. In seinem Jugendzimmer stand eine Schaufensterpuppe, die mit einer vollständigen Wehrmachtsuniform inklusive Stahlhelm bekleidet war. Die Wände seines Zimmers waren großflächig mit Kriegs- und Landserszenen bemalt. Bis heute frage ich mich, wie Ronnys Eltern mit dieser merkwürdigen Obsession zurechtgekommen sind.
Auch mit der Wehrsportgruppe besuchten wir unser altbewährtes Ausbildungslager in Tschechien. Allerdings wurde dieser Aufenthalt, der selbstverständlich ebenso über Umwege durch die rechte Partei finanziert worden war, vorzeitig durch den Grundstücksbesitzer beendet, da wir auch in Ústí nad Labem Testversuche mit Bomben durchführten. Dem Vermieter wurde die Sache buchstäblich zu heiß.
In der Folgezeit veranstalteten wir deshalb alle Bomben- und Waffentests in Polbitz in der Nähe der Elbe. Das führte dazu, dass ständig die Polizei vor unserem Haus stand und ich zu fast jeder Unregelmäßigkeit im Dorf befragt wurde. Genau dies hatte ich in der Vergangenheit immer zu vermeiden gesucht. In Polbitz war ich jedoch bekannt wie ein bunter Hund, und es lag für die Ermittlungsbehörden nahe, auch

bei dem kleinsten Vorfall den bereits auffällig gewordenen Manuel Bauer zu besuchen.

In den Zeiten vor der Wehrsportgruppe Racheakt hatte ich es gut verstanden, in der Außenwirkung und auch innerhalb der Szene unterschätzt zu werden. Für viele – auch für zahlreiche Kameraden – war ich der kleine »Assi«, dem man gemeinhin nicht viel zutraute. Mit diesem Image ließ es sich hervorragend leben, da ich nie in den Fokus tiefgreifender Ermittlungen geriet. Diese Tarnung hatte ich nun zu meinem Leidwesen verloren, und ich war darauf erpicht, dies bald wieder zu ändern.

Fakt ist, dass es Ende der 1990er-Jahre auch außerhalb des Nationalsozialistischen Untergrunds um Mundlos, Böhnhardt und Zschäpe eine ganze Reihe Gruppen gab, deren Ziele und Verbrechen nicht zu unterschätzen waren. Dazu gehörten die seit 2001 verbotenen Skinheads Sächsische Schweiz, das Syndikat Dessau und auch die Wehrsportgruppe Racheakt, deren Effektivität zum größten Teil dadurch gemindert wurde, dass ich wegen einer haarsträubenden Gewalttat für einige Zeit inhaftiert wurde. Aber das ist eine andere Geschichte …

23

Die Erpressung

Auch bei der Wehrsportgruppe Racheakt galt das Prinzip, den Kreis der Eingeweihten so klein wie möglich zu halten. In der Szene war bekannt, dass Polizei und Verfassungsschutz immer wieder V-Leute einschleusten, die den Behörden Informationen lieferten. Dass die Neonazi-Gruppen von dieser Tatsache Kenntnis hatten, ist ein weiterer Grund dafür, warum die Zwickauer Terrorzelle so lange nahezu unbehelligt existieren konnte.

Der Zwickauer Gruppe waren die Behörden offensichtlich lange nicht auf die Spur gekommen. Bis vor kurzer Zeit, als man in den verkohlten Trümmern eines Wohnhauses einige Materialien fand, war noch nicht einmal die offizielle Bezeichnung der Gruppierung, Nationalsozialistischer Untergrund, bekannt. Dies zeigt, wie wirksam die Verschwiegenheit neonazistischer Verbände sein konnte. Und ich stelle an dieser Stelle ganz bewusst die Frage: Können wir, kann der Staat mit seinen Bundes- und Landesbehörden tatsächlich ausschließen, dass noch weitere, der Zwickauer Terrorzelle vergleichbare Gruppen auf welche Art auch immer im Untergrund aktiv sind?

Das konsequente Schweigen auf allen Ebenen und die absolute Zurückhaltung in puncto Bekennerschreiben und Videobotschaften ließen das Zwickauer Trio gleichsam unsichtbar werden – einzig ihre bösartigen Taten sprachen eine deutliche Sprache. Wie sich herausstellte, konnte diese Sprache jedoch niemand entschlüsseln oder deuten.

Das von der Außenwelt gänzlich abgeschottete Wirken des Nationalsozialistischen Untergrunds war eine vielerorts praktizierte Maxime. Sie ist Kennzeichen weiter Teile der rechtsradikalen Szene. In manchen Gruppen wurden selbst vergleichsweise harmlose Wandschmierereien unter dem Denkmantel der Verschwiegenheit gehalten. War das nicht der Fall, führte das in der Regel dazu, dass bei den beteiligten Personen irgendwann ein Polizeiwagen vor der Tür stand, weil sich ein Mitwisser bei den Behörden verplappert oder seine Kameraden gezielt verraten hatte. Diese Erfahrung machte im Laufe der Zeit fast jedes Mitglied der Szene, und so war es jedem Einzelnen überlassen abzuwägen, ob er sich lieber am Abend von seinen Kameraden für seine »Heldentaten« feiern ließ und dadurch Probleme mit der Justiz riskierte oder ob er seine »Erfolge« stillschweigend genoss und es der Spekulation anheimstellte, wer denn nun den Dönerwagen in Brand gesetzt hatte.

Üblicherweise beschränkte man sich auf einen kleinen Kreis von Mitwissern und hoffte, dass diese im Zweifelsfall Verschwiegenheit bewahren würden. In meinem Fall beinhaltete dieser Kreis in der Regel etwa 15 Personen, bei der Zwickauer Terrorzelle dürfte er deutlich kleiner gewesen sein. Wie viele Menschen letztlich über die Aktivitäten des Nationalsozialistischen Untergrunds Bescheid wussten, wird sich im Laufe der weiteren Ermittlungen zeigen.

Es muss im Umfeld der Zwickauer Terrorzelle eine ganze Reihe von Menschen gegeben haben, die das Trio in unterschiedlichen Situationen unterstützten. Dass bedeutet meiner Meinung nach jedoch nicht, dass diese Personen das komplette Ausmaß der schrecklichen Pläne kannten. Eine unumstößliche Tatsache scheint mir zu sein, dass Böhnhardt, Mundlos und Zschäpe sehr genau darauf achteten, wen sie in welchem Umfang in ihr Handeln einweihten, denn gerade diese drei waren nun wirklich darauf angewiesen, nicht ins Visier der Fahnder zu gelangen. In jedem Fall mussten sie wie alle Gruppen aus der rechten Szene hoffen, soweit es möglich war, unerkannt zu bleiben.

Dass dies letztendlich tatsächlich nur eine Hoffnung war, zeigt die folgende Geschichte deutlich.

Während ich meine Arbeitsbeschaffungsmaßnahme als Hilfsmaurer ableistete, war ich auf den Baustellen immer wieder auf Kameraden getroffen, zu denen ich im Laufe der Zeit ein recht gutes Verhältnis aufbaute. Von einem dieser »Arbeitskollegen« erfuhr ich, dass es in Torgau einen gut situierten Unternehmer gab, der nicht davor zurückschreckte, sich an Kindern und Jugendlichen zu vergreifen. Der »Kamerad« erzählte mir auch, dass er diesen homosexuellen älteren Mann einmal um Geld erpresst hatte und dass dieser ohne Probleme zu bereiten bezahlt hatte.

Ich empfand eine immense Wut auf diesen Mann, und ich entwickelte meinen eigenen hinterhältigen Erpressungsplan. Ich war außer mir. Mein grenzenloser Hass auf Homosexuelle, Andersgläubige und Andersdenkende war über die Jahre beständig gewachsen. Diese Geschichte jedoch schien jedes Maß zu übersteigen. Ein Schwuler, der unbehelligt seinen Perversionen nachging und noch dazu Inhaber eines Geschäftes war, also »normalen« Menschen Befehle erteilte und viel Geld besaß. Dieser Mann hatte meiner Auffassung nach so ziemlich jedes schwere Verbrechen begangen, dessen man ihn nach rechtsextremistischer Ideologie bezichtigen konnte. Und das gehörte bestraft!

Ich besprach die Angelegenheit mit zwei Kameraden aus der Wehrsportgruppe Racheakt und traf mich danach mit meinen »Kollegen« aus der Arbeitsbeschaffungsmaßnahme, um die Details zu klären. Das Vorhaben lief an, und wir waren nach kürzester Zeit sieben Mann, die sich dieser »nationalen Schieflage« widmen wollten.

Wir fanden schnell heraus, dass der Mann ein gut gehendes Ladengeschäft besaß, und wir waren uns sicher, dass er sehr wohlhabend war. Unsere verquere Auffassung von Selbstjustiz, die letztendlich unser Handeln motivierte, erhielt schon bald eine weitere Dimension. Wir hätten diesen Mann ganz einfach bestrafen können, indem wir ihn zusammenschlugen und sein Haus oder seinen Laden anzündeten. In diesem Fall waren wir jedoch der absurden Ansicht, dass die Strafe eine Art Wiedergutmachung beinhalten müsste und es noch dazu von Vorteil wäre, wenn dieser Mann uns Geld liefern würde, mit dem wir unsere Aktivitäten im Untergrund finanzieren könnten. So etwas hat in der Strafjustiz eine fest definierte Begrifflichkeit: Man nennt es Erpressung oder räuberische Erpressung!

Immer wieder steckten wir stundenlang die Köpfe zusammen und machten uns in endlosen Gesprächen Gedanken über den Ablauf. In der Gruppe wuchs während der Planung die Euphorie, da wir dabei das Gefühl entwickelten, ein fantastisches Leben zu führen: Freundschaft, Kameradschaft, Trinkgelage, Konzerte, Partys, Schlägereien, Schmierereien, Provokationen, Überfälle – ein Leben auf der Überholspur, ohne den gesellschaftlichen Zwang, erwachsen zu werden. Und neben dem reinen Vergeltungsschlag lockte nun auch noch eine größere Summe Geld. Unser Vorhaben entwickelte eine solche Eigendynamik, dass wir es kaum noch erwarten konnten, endlich loszulegen.

Eines war uns klar: Die Geldforderung musste mit einem gehörigen Maß an Druck und Einschüchterung verbunden sein, ansonsten wäre die Aussicht auf Erfolg gering. Diesem Mann allein damit zu drohen, seine homosexuellen Neigungen publik zu machen, hätte unserer Ansicht nach wenig bewirkt. Auch die Ankündigung, ihn bei der Polizei anzuzeigen, erschien wenig aussichtsreich. Es gab also nur einen Weg: Wir mussten eine knallharte Todesdrohung aussprechen!

Wir hatten damit begonnen, unser Zielobjekt fast lückenlos zu observieren. Wir wussten, wo er wohnte, auf welchem Weg er zur Arbeit fuhr, wo er einkaufte und wo er seinen Kaffee trank. Schon nach wenigen Tagen kannten wir seine Gewohnheiten, seine Autos, seine Mitarbeiter und seine Kontakte. Wir beschlossen, die Aktion endlich beginnen zu lassen. Das war Anfang des Jahres 2000.

Wir warteten, bis es dunkel war, zogen die Kapuzen über die mit Strumpfhosen bedeckten Gesichter und klingelten an der Haustür des Mannes. Er öffnete und blickte zu seinem großen Erschrecken direkt in den Lauf meiner Pistole. Als ich ihm die Worte »Du bist eine elendige schwule Drecksau!« zuraunte und er sah, dass zwei weitere maskierte Männer links und rechts neben der Tür auf der Treppe standen, brach er fast zusammen. Er hielt sich mit zitternden Händen am Türrahmen fest und stammelte mit angsterfüllter Stimme: »Was wollen Sie von mir? Ich kenne Sie doch gar nicht!« Ich schob ihm meine Pistole noch ein Stück weiter unter die Nase und zischte: »Geld, oder ich knall dich ab!«

Mir selbst zitterten die Beine in diesem Moment vermutlich ebenso stark wie diesem weißhaarigen älteren Mann, der noch immer nicht zu begreifen schien, was da gerade mit ihm geschah. Wir hatten uns zur Vorbereitung zwar unzählige Male ähnliche Szenen auf Video und DVD angesehen, aber in den Spielfilmen und Krimiserien schien alles ein wenig leichtfüßiger und koordinierter zu verlaufen. Selbst eine Pistole in der Hand zu halten und erpresserische Drohungen auszusprechen, hatte dann doch eine ganz andere Qualität.

Bis zu diesem Zeitpunkt hatte ich mich mit zahllosen Menschen geschlagen. Eigentlich müsste ich sagen: Ich hatte bis zu diesem Moment zahllose Menschen verprügelt und verletzt, aber ich hatte noch nie jemanden mit einer Schusswaffe bedroht.

Der Mann stand noch immer wie angewurzelt im Türrahmen und starrte uns mit weit aufgerissenen Augen an. Ich war völlig ratlos und wusste nicht so richtig, wie die Aktion weitergehen sollte, zumal ich mir im Vorfeld keine Gedanken darüber gemachte hatte, was zu tun sei, wenn der Mann sich auf irgendeine Weise wehrte.

»Ich mach dich platt, und dann fackel ich dir auch noch dein Scheiß-Haus ab, wenn du nicht endlich mit Geld herausrückst!«

Der ältere Mann nickte uns zu, machte mit den Händen beschwichtigende Bewegungen und versicherte, uns alles zu geben, was er an Geld im Haus hätte. Wir gingen hinter ihm in den Hausflur hinein und beobachteten, wie er aufgeregt Taschen, Geldbörsen und verschiedene Schubladen durchsuchte. Nach einer Weile dreht der Mann sich um und hielt mir ein Bündel Banknoten unter die Nase: »Hier, nehmen Sie! Das sind bestimmt 5000 Mark – alles, was ich habe. Bitte lassen Sie mich doch in Ruhe. Was habe ich Ihnen denn nur getan? Nehmen Sie das Geld und gehen Sie, bitte!«
Ich riss ihm die Scheine aus der Hand und gab meinen Kameraden das Zeichen zum Rückzug. In der Tür drehte ich mich noch einmal um und rief der bleichen Gestalt eine letzte Drohung zu: »Wenn du die Bullen rufst, bist du tot. Wir beobachten dich, mach bloß keinen Blödsinn!«

24

Der Schrecken nimmt kein Ende

Wir spurteten zu dem Auto unseres Kameraden, das um die Ecke geparkt auf uns wartete, und fuhren so schnell wie möglich von dem Wohnhaus unseres Erpressungsopfers weg. Wir rissen uns die Strumpfmasken vom Gesicht, und nachdem ich das Bündel Geld aus meiner Tasche gezogen hatte, wurde die Stimmung zunehmend euphorisch. Ich wedelte mit den Geldscheinen herum und schrie wie von Sinnen: »Hier, das ist Geld, Geld, Geld!«

Unsere Laune stieg so sehr, dass wir sofort beschlossen, diese Aktion fortzusetzen. Wir waren wie im Rausch, hatten wir doch eine fantastische Geldquelle aufgetan. Keine Alarmknöpfe und keine Überwachungskameras, die uns bei einem Banküberfall vor Hindernisse gestellt hätten – nichts dergleichen! Einfach hinfahren, klingeln, abkassieren und weg – ohne jedes Risiko. Es lag gewissermaßen auf der Hand, diese Quelle weiter auszuschöpfen.

Wir fuhren in ein Waldstück, um die Pistole zu entsorgen. Ich war mir sicher, bei dem homosexuellen Geschäftsmann keine Schusswaffe zu benötigen. Er war überaus verängstigt und eingeschüchtert, und es machte nicht den Anschein, dass er nicht auch ein zweites Mal auf unsere Forderungen eingehen würde. Für die Folgezeit war es wichtig, sich unauffällig zu verhalten und nach außen hin nicht den Eindruck zu erwecken, den großen Coup gelandet zu haben. Wir durften nicht mit dem Geld prahlen und vor allem getreu der Verschwiegenheitsmaxime keiner Menschenseele etwas von unserer Aktion erzählen.

An diesem Abend fand ein so genannter Kameradschaftstreff der Wehrsportgruppe Racheakt statt, zu dem wir drei an der Erpressung Beteiligten selbstverständlich erschienen und den Eindruck zu erwecken versuchten, als sei nichts Besonderes vorgefallen. Die Anspannung war jedoch enorm, da keiner von uns sicher sein konnte, dass nicht doch noch im Laufe des Abends oder der Nacht die Polizei auftauchen würde.

Der Mann konnte zwar nicht wissen, von wem er überfallen worden war, aber was wäre gewesen, wenn er sofort die Polizei gerufen hätte und ein Zeuge unser Auto oder dessen Kennzeichen beschreiben konnte? Aber in dieser Nacht passierte gar nichts, und auch am folgenden Morgen blieb alles ruhig. Keine Polizei, kein Spezialeinsatzkommando – nichts.

Als wir kurz nach dem ersten Überfall im Auto beschlossen hatten, unsere Erpressung fortzusetzen, waren wir auch übereingekommen, mit dem zweiten Versuch nicht lange zu warten. Es galt, die große Angst, die der Mann an den Tag gelegt hatte, in die zweite Aktion hineinzunehmen. Nur wenn seine Panik noch akut war, so unsere Idee, würde er auch ein weiteres Mal »mitspielen«.

Also fuhren wir am darauffolgenden Tag mehrmals vorsichtig an dem Ladengeschäft vorbei, um zu prüfen, ob unser »Kunde« nicht vielleicht doch die Polizei informiert hatte. Bei diesen Kontrollfahrten konnten wir nichts Verdächtiges entdecken. Aktion Nummer zwei konnte also ohne jede Verzögerung starten.

Wir blieben bis zum Abend in Sichtweite des Ladens im Auto sitzen und warteten, bis der Mann sein Geschäft verließ. Unsere zweite Begegnung fand auf der Straße statt, als der Mann zu seinem Auto lief. Auch diese Aktion ging schneller, als wir erwartet hatten. Der ältere Mann begann schon fürchterlich zu zittern, als er mich auf ihn zukommen sah. Ich drohte ihm: »Du besorgst uns weiteres Geld, verdammte Schwuchtel, sonst knall ich dich ab!« Dann teilte ich ihm

Ort und Uhrzeit der Geldübergabe mit und verschwand blitzartig aus seinem Blickfeld.
Wenig später standen wir auf einem ehemaligen russischen Truppenübungsplatz und warteten auf das Eintreffen unseres Opfers. Ich sehe dieses Bild noch vor mir, als sei es gestern gewesen: Der Mann fuhr langsam mit seinem Wagen auf uns zu, die Augen vor Panik weit aufgerissen und das Gesicht mit Schweißperlen übersät. Dann ließ er das Fenster der Fahrertür einen kleinen Spalt weit herunter, streckte mir mit zitternder Hand ein Bündel Geldscheine durch den Schlitz entgegen und kehrte sofort wieder um. Wir hatten weitere 3000 Mark erhalten. Erneut schien es uns unfassbar, wie leicht dieser Verdienst doch einzustreichen war.
Wir hatten innerhalb von zwei Tagen 8000 Mark erbeutet, und nachdem auch die zweite Aktion ohne jede Komplikation verlaufen war, kamen wir überein, die Sache ruhig noch ein wenig länger zu betreiben. Nur einen Tag später standen wir erneut vor dem Ladenlokal des Mannes. Diesmal war die Strategie jedoch eine andere. Wir hatten bei unserem dritten Erpressungsversuch nicht mehr die Absicht, stundenlang im Auto auf den Mann zu warten. Es war vereinbart worden, dass meine Kameraden auf der Straße Schmiere standen, während ich direkt in den Laden marschierte, um mir den Unternehmer dort vorzuknöpfen.
In dem Laden war lediglich eine Angestellte anwesend. Ich teilte der Dame unter Angabe eines falschen Namens mit, dass ich einen Termin bei ihrem Chef hätte und sie diesen doch bitte informieren möge. Das tat sie, und nur wenig später stand der Mann kreidebleich und vor Angst zitternd vor mir.
Ich zog ihn ein wenig zur Seite, um nicht im Blickfeld seiner Mitarbeiterin zu sein, und machte ihm flüsternd unmissverständlich klar, dass ich gekommen sei, um die nächste Rate seiner »Schuld« einzutreiben.

Der Mann fing vor lauter Verzweiflung fast an zu weinen und schluchzte mich flehend an, doch endlich von ihm abzulassen. Er wüsste auch nicht, erklärte er mir mit stockender Stimme, woher er noch weitere Geldbeträge nehmen sollte. Er habe wirklich nichts mehr, was er mir noch geben könnte.

Ich sagte: »Okay, pass auf, du hast bis 17 Uhr Zeit, das Geld zu beschaffen, und Ende der Diskussion. Ansonsten weißt du, was wir mit dir machen werden.«

Der Mann schien vollkommen am Ende zu sein. Er hatte sich an einem Regal abgestützt und blickte mich angsterfüllt an: »Aber wie denn?«

»Du hast ein Konto, so einfach geht das!«

Ich war mir sicher, dass die Mitarbeiterin des Mannes etwas ahnte, sich aber gleichwohl aus der Sache heraushalten würde.

Wir warteten bis zur verabredeten Uhrzeit etwa eine halbe Stunde im Auto. Der Mann erschien. Er steckte mir ohne ein Wort zu verlieren 5000 Mark zu und versuchte, schnell das Weite zu suchen. Ich hielt ihn jedoch einen Moment zurück, steckte ihm einen Zettel mit der Nummer meines Prepaid-Handys zu und riet ihm nachdrücklich, sich umgehend mit mir in Verbindung zu setzen, damit wir weitere Treffen vereinbaren könnten. Der Mann brach auf offener Straße fast zusammen. Die Tatsache, dass wir auch nach dieser dritten Geldübergabe nicht von ihm ablassen würden, schien ihn zur Verzweiflung zu bringen.

Ich war nach dieser Aktion kaum noch zu bremsen. Es war von Mal zu Mal leichter geworden, von dem Mann Geld zu erpressen, und nun hatten wir sogar erreicht, dass er künftig anrufen sollte, um zu fragen, wann er uns erneut einen Betrag aushändigen dürfe. Wir mussten uns nicht einmal mehr die Mühe machen, ihn aufzusuchen – wir hatten den armen Mann im Grunde gezwungen, frei Haus zu liefern. Dass ich bei dieser Geschichte einen dummen Fehler begangen hatte, war mir zu diesem Zeitpunkt nicht bewusst. Oder es war mir einfach gleichgültig. Es hätte klar sein müssen, dass man nicht seine Handynummer herausgab, schon gar nicht an einen Menschen, von dem man innerhalb von wenigen Tagen mehrere Tausend Mark erpresst hatte.

25

Wie im Rausch

Der Mann rief tatsächlich an. Seine Angst muss so groß gewesen sein, dass er seine Erpresser tatsächlich telefonisch kontaktierte und ein weiteres Treffen bei sich zu Hause vorschlug. Mir war sofort klar, dass dies eine Falle sein konnte. Andererseits war aber meine Geldgier in den vorangegangenen Tagen ständig gestiegen, und ich war auch davon überzeugt, dass unser Opfer die ihm drohende Gefahr nicht unterschätzte.

Mit Sicherheit war es dem Mann nicht möglich einzuschätzen, wie groß die Gruppe war, die ihn erpresste. Dass wir aus dem rechten Milieu stammten, war für ihn bestimmt naheliegend. Unsere Kleidung, der Haarschnitt, das Vokabular – wer nicht vollkommen weltfremd war, konnte abschätzen, mit wem er es zu tun hatte. Die Größe seiner Gegner konnte er aber kaum beurteilen. Bestand das Erpressungskommando wirklich nur aus den drei Personen, die vor seiner Haustür aufgetaucht waren, oder stand die gesamte rechte Szene aus der Region hinter der unrechtmäßigen Forderung?

Gedanken wie diese gingen mir durch den Kopf, doch ich entschloss mich, mich ein weiteres Mal mit dem Mann zu treffen. Ein Besuch in seinem Wohnhaus schien mir allerdings zu riskant. Hatte der Mann tatsächlich die Polizei informiert, würde ich in eine ausweglose Falle tappen. Ich schlug ihm deshalb ein Treffen auf dem Marktplatz von Torgau vor – mitten in der Stadt, belebt und im Falle eines Falles gespickt mit potenziellen Fluchtwegen.

Die Pistole war weg, und die vormaligen Treffen hatten gezeigt, dass eine Waffe nicht erforderlich war. Dennoch formte ich aus Alupapier eine Attrappe einer Schusswaffe, die ich in meiner Jackentasche deponieren und damit dem Opfer suggerieren wollte, ich wäre bewaffnet. Im Vorfeld inspizierten wir den Marktplatz, um im Zweifel die Aktion doch noch abzublasen. Es war geplant, dass ich bei dem Treffen mit dem Mann zu einer Bank gehen würde, damit er in meinem Beisein von seinem Konto 10 000 Mark abhob.

Die Luft schien rein zu sein. Als der Mann pünktlich zu dem verabredeten Zeitpunkt eintraf, erkannte ich schon aus der Entfernung, wie nervös und ängstlich er wieder war. Ich erklärte ihm rasch den Ablauf und wies ihn darauf hin, dass ich eine Pistole in meiner Jackentasche hätte und nicht im Geringsten zögern würde, die Angelegenheit in einem Blutbad enden zu lassen. Ich erläuterte ihm, dass er mich in der Bank, sollte es zu Nachfragen kommen, als seinen Enkel ausgeben sollte, dem er eine neue Wohnungseinrichtung spendieren wolle. Und dann ging es auch schon los ...

Die Wartezeit am Bankschalter war kurz. Dann reichte unser Mann seine Karte durch den Schlitz im Panzerglas, nannte den Betrag, den er abheben wollte, und erhielt ohne jede Rückfrage im null Komma nichts die 10 000 Mark. Wir drehten uns um, gingen langsam zur Tür, überquerten den Marktplatz, passierten das Polizeirevier, das in unmittelbarer Nähe lag – und nichts geschah. Keine schnelle Eingreiftruppe, kein SEK-Einsatz, nichts!

Wir gingen unbehelligt zu seinem Auto, um die Geldübergabe abzuschließen, und ich war höchst erstaunt, dass auch diese Aktion, die die waghalsigste gewesen war, reibungslos zu verlaufen schien. Der Mann reichte mir mit zitternder Hand das Geldbündel und flehte mich mit brüchiger Stimme an, endlich von ihm abzulassen. Er hätte nun wirklich alles getan, was wir von ihm verlangt hatten, und nun sollten wir diese schlimme Sache doch bitte beenden.

Das jedoch war nicht mein Plan!

»Okay, wir fahren los!«

Der Mann sah mich entsetzt an. Er schien gar nicht zu begreifen, was ich von ihm verlangt hatte.
»Fahr los, sonst bring ich dich um, du Homodrecksau. Das ist mir scheißegal!«
Der arme Mann hatte Mühe, seinen Wagen in Gang zu setzen. Als wir endlich den Parkplatz verließen, sah ich im Rückspiegel, dass uns das Auto meiner Kameraden wie verabredet folgte.
Die Fahrt ging über die Elbbrücke stadtauswärts, und je weiter wir uns von Torgau entfernten, umso aufgeregter und ungehaltener wurde der Mann. Als wir nach einigen Kilometern ein kleines Waldstück erreichten, forderte ich ihn auf, rechts in einen kleinen Weg einzubiegen.
Der Wagen war kaum zum Stehen gekommen, als der Mann förmlich zusammenbrach. Sein Atem stockte, er weinte und bat mich schluchzend, ihn doch endlich in Ruhe zu lassen. Er flehte um sein Leben und war nicht mehr zu beruhigen. Ich erklärte ihm, dass wir noch mehr Geld von ihm haben wollten und ich ihn sofort kaltmachen würde, sollte er uns Probleme bereiten. Ein falsches Wort, ein falscher Anruf, und er wäre erledigt. Der verängstigte Mann schien die Drohung jedoch gar nicht mehr richtig wahrzunehmen.
Ich hatte in der Zwischenzeit den Zündschlüssel abgezogen, war langsam ausgestiegen und zur Fahrertür gegangen.
»Los, steig aus!«
Der große, weißhaarige Mann starrte ins Leere, als ob er nicht mehr bei Sinnen sei, und klammerte sich hartnäckig am Lenkrad fest. Er muss in diesem Moment Todesängste ausgestanden haben, die ihm unvorstellbare Kräfte verliehen. Ich stand vor der offenen Fahrertür und zerrte wie verrückt an dem fast starr gewordenen Körper. Es machte sich eine solche Wut in mir breit, wie ich es niemals zuvor erlebt hatte.
All meine Sicherungen und Kontrollmechanismen schienen ausgehebelt zu sein. Ich schlug wie ein Besessener auf den Mann ein – ins

Gesicht, auf den Kopf, auf den Oberkörper. Dazwischen versuchte ich immer wieder, den Mann aus dem Wagen zu ziehen. Schlagen, zerren, schlagen, zerren – ich war wie im Blutrausch.

Irgendwann ließen die Kräfte des Mannes nach, und es gelang mir, ihn aus dem Wagen zu befördern. Er sackte wehrlos auf dem Waldboden zusammen. Ohne Einhalt drosch ich weiter auf ihn ein – mit den Fäusten und mit den Stiefeln.

Beobachtet von meinen beiden Kameraden, die ein wenig abseits in dem zweiten Wagen warteten, schlug ich den Mann zusammen – einen Mann, der mir nichts getan hatte und von dem ich noch nicht einmal sicher sagen konnte, dass er eine verwerfliche Tat begangen hatte. Ich schlug ihn um des Schlagens willen und weil mir der Hass auf Menschen wie ihn, auf Homosexuelle, durch meine Ideologie diktiert worden war. Ich handelte gemäß meines Auftrags. Dieser gepflegte ältere Mann mit den weißen Haaren hätte mein Großvater sein können, und ich verprügelte ihn, während er wehrlos auf dem Boden lag, als wäre er mein schlimmster Feind. Doch das war er nicht. Nicht persönlich.

Heute weiß ich, dass so auch die Gewalttaten im Dritten Reich funktionierten. Eine Ideologie, die auf blankem Hass und unzähligen Lügen basierte, der Korpsgeist, der unbedingte Gehorsam und eine naive Nibelungentreue machten aus Menschen der Generation unserer Großväter schlimmste Verbrecher. In manchen Teilen der Republik setzten deren Enkel ihr schreckliches Erbe fort. Auch im 21. Jahrhundert!

26

Das Ende vom Lied

Ich hatte den Mann, als er fast regungslos am Boden lag, erneut davor gewarnt, die Polizei zu verständigen, aber nach diesem schrecklichen Vorfall blieb ihm naturgemäß keine andere Wahl. Wir hatten ihn um mehr als 20 000 Mark erpresst, ihn bedroht, ihn verfolgt und ihn hemmungslos zusammengeschlagen. Für ihn konnte es kaum noch schlimmer kommen.

Der Mann besaß die Telefonnummer meines Prepaid-Handys, und wir hatten die letzten beiden Überfälle unmaskiert durchgeführt. Insofern war es nur noch eine Frage der Zeit, bis die Polizei vor unseren Türen stehen würde und die Handschellen zuschnappen ließe. Aber so weit dachten wir nicht. Ich merkte viel zu spät, dass die Angelegenheit aus dem Ruder gelaufen war.

Wir hatten Geld, sehr viel Geld, eingeheimst. Wir waren euphorisch, siegessicher, und wir hatten Blut geleckt. Die Erpressung war insgesamt so reibungslos verlaufen, dass wir immer noch die Absicht hatten, sie fortzusetzen. Gleichzeitig rechneten wir schon fast damit, dass unsere letzte Aktion nicht ohne Konsequenzen bleiben würde.

Dann, zwei Tage später, klingelte mein Handy. Der Anrufer hatte seine Nummer unterdrückt, also wusste ich nicht, wer mich erreichen wollte. Meine Rufnummer war jedoch nur wenigen Menschen bekannt – einigen Kameraden und dem Mann, den wir erpressten.

Ich ging ran und hörte einen Mann mit ernster Stimme fragen, ob er mit Teddy spräche. Der Groschen fiel bei mir sofort. Ich hatte mich bei dem Erpressungsopfer als Teddy ausgegeben. Die Stimme am anderen Ende der Leitung war jedoch nicht die des alten Mannes.

»Hier gibt es keinen Teddy«, gab ich knapp zur Antwort.
»Sie sind doch Herr Manuel Bauer?«
»Hier spricht kein Manuel Bauer«, antwortete ich mit unsicherer Stimme und legte sofort auf. Manuel Bauer. Der Mann hatte nach Manuel Bauer gefragt! Nach mir!
Ich war also aufgeflogen. Die Polizei kannte meinen Namen, und es konnte nun nicht mehr lange dauern, bis es an meiner Tür klingeln würde. Der große Reibach hatte ein jähes Ende gefunden.
Kurz darauf wurde ich verhaftet. Ich war noch nicht einmal dazu gekommen, über einen Fluchtweg nachzudenken, so schnell stand die Polizei vor meinem Elternhaus. Wie die Beamten meinen Namen herausgefunden hatten, konnte ich mir nicht erklären, ich konnte es nur ahnen. Meine Kameraden und ich waren stets vorsichtig gewesen, hatten wenig gesprochen und uns schon gar nicht mit unseren Namen angeredet. Wie also konnte es sein, dass die Polizei von mir wusste? Vielleicht anhand der Personenbeschreibung unseres Erpressungsopfers oder aufgrund der verflixten Handynummer. Ich war richtig sauer – die Geldgier hatte mich unachtsam werden lassen.
Als ich auf der Polizeiwache ankam, saßen dort bereits die ersten Kameraden aus unserer Gruppe in Handschellen auf einer Bank. Und nach wenigen Minuten war mir klar, wie unsere Aktion aufgeflogen war. Der ältere Mann hatte in dem kleinen Waldstück, in dem ich ihn zusammengeschlagen hatte, offensichtlich das Kennzeichen des Autos meines Kameraden erkannt. Der Rest war dann wohl ein Kinderspiel: Die Polizei ermittelte den Fahrzeughalter, und dieser gab dann offenbar sehr schnell zu Protokoll, wer außer ihm an der Strafsache beteiligt gewesen war.
Ich wurde von der Kriminalpolizei sofort in ein Vernehmungszimmer geführt und zu der Erpressung befragt. Es war mir bewusst, dass es angesichts der Beweislage nicht opportun war, den Schweigsamen zu spielen, lediglich den Umfang meiner Bekenntnisse galt es noch abzu-

wägen. Ich beschloss, die Erpressung einzuräumen, den Waffenbesitz und die Todesdrohungen jedoch zu leugnen. Auf der anderen Seite hielt ich mich natürlich an den Ehrenkodex: Ich nahm alle Straftaten auf mich und versuchte, meine Kameraden so weit wie möglich zu entlasten. Mehr war aufgrund der erdrückenden Beweise nicht machbar. Geständnis ja, die anderen belasten nein!

Wie sich später herausstellte, war der Fahrzeugbesitzer nicht der einzige »Kamerad«, der großzügig auspackte. Im Laufe des Tages wurde nach und nach die ganze Gruppe Mitwisser verhaftet, und einer nach dem anderen nannte mich als Anführer und Drahtzieher der Aktion. Ich war also geliefert. Doch nicht nur das: Meine Kameraden hatten mich gewissermaßen auf die Schlachtbank geführt.

Und es wurde sogar noch abenteuerlicher. Die anderen sechs Mitglieder unserer kleinen Erpresserbande erklärten unisono, ich hätte ihre Mitwirkung bei der Straftat erzwungen. Sie gaben an, von mir erpresst, bedroht und genötigt worden zu sein, sich an den Überfällen auf den Geschäftsmann zu beteiligen. Das Beeindruckendste daran war, dass alle Kameraden getrennt voneinander festgenommen und verhört worden waren. Die Tatsache, dass alle der Polizei dieselbe Lügengeschichte erzählten, konnte nur bedeuten, dass sie sich weit im Vorfeld abgesprochen hatten, im Falle einer Verhaftung so zu reagieren.

Von diesem Moment an wusste ich, wie Kameradschaft unter Gesinnungsgenossen wirklich einzuschätzen war.

27

Im Namen des Volkes

Das Verbreiten von Propagandamitteln verfassungswidriger Organisationen (§ 86 StGB) und das Verwenden von Kennzeichen verfassungswidriger Organisationen (§ 86a StGB) waren die geringsten Vorwürfe, denen ich mich seitens des deutschen Gesetzgebers ausgesetzt sah. Für beide Taten drohte eine Haftstrafe von bis zu drei Jahren, die noch zu verkraften gewesen wäre.

Deutlich schwerer wogen die Anklagepunkte der schweren räuberischen Erpressung und der Brandstiftung, die das Verfahren automatisch vor ein Landgericht brachten. Der Strafrahmen für diese Delikte bewegte sich auf etwa zehn Jahre zu, und ein solches Urteil würde sich nicht mehr lässig hinnehmen lassen.

Meine sogenannten Kameraden hatten tatsächlich ganze Arbeit geleistet: Sie hatten bei der Polizei auch die Inbrandsetzung des Dönerwagens geschildert. Meine Kumpane hatten eine richtig saubere Beichte abgelegt und sich vor dem lieben Herrgott und vor allem vor der deutschen Justiz reingewaschen.

Mir war inzwischen durch die HNG, die Hilfsorganisation für nationale politische Gefangene und deren Angehörige, ein Rechtsanwalt empfohlen worden. Zum Erstaunen vieler wurde ich trotz meiner Vorstrafen und der Tatsache, dass ich aufgrund zweier Delikte – Vandalismus und Fahren ohne Führerschein – noch unter Bewährung stand, nicht in Untersuchungshaft genommen. Das Gericht war wohl zu der Überzeugung gelangt, dass in meinem Fall keine Fluchtgefahr bestünde. Diese Einschätzung mag ein wenig naiv erscheinen, denn bei einem Mitglied einer neonazistischen Bewegung, die über ein

weltweites Netzwerk verfügte, war die Möglichkeit zur Flucht durchaus gegeben.
Ich kam jedoch unmittelbar nach meiner Verhaftung wieder auf freien Fuß. Da die Gerichte hoffnungslos überlastet waren, bestanden bis zu meinem Prozess vier Monate Wartezeit. Das Leben ging also zunächst einmal weiter, als ob nichts geschehen wäre, und ich harrte der Dinge, die noch kommen sollten.
Ich verhielt mich ruhig und suchte den Kontakt zur Arbeiterwohlfahrt. Ich empfand die Menschen dort als beruhigend. Ich spürte zu jener Zeit, dass meine Kräfte nachließen. Der ewige Klassenkampf, das ständige Katz-und-Maus-Spiel mit der Polizei – all das wurde mir mit der Zeit doch langsam zu viel.
Vollkommen untätig wollte ich während meiner Wartezeit dennoch nicht bleiben und gründete mit zwei Kameraden deshalb eine Band, die sich Skalde nannte. Zunächst probten wir im Keller des Elternhauses eines der Kameraden, kurze Zeit später hatten wir bereits unseren eigenen Proberaum in einem alten Betriebsgelände im Zentrum von Torgau. Gut besucht war unser Proberaum eigentlich immer, und die üblichen Trinkgelage fanden ihre Fortsetzung. Sich betrinken, grölen und auf die Pirsch gehen – ich versuchte mich in Zurückhaltung zu üben, was mir größtenteils auch gelang.
Die erste wirklich gute Nachricht in diesen Monaten erreichte mich durch meinen Strafverteidiger, der mir den Namen des Richters nannte, der meine Strafsache verhandeln würde. Ich erlebte ein Glücksgefühl, als hätte ich den Hauptgewinn in der Lotterie gezogen. Der Richter war in der rechten Szene für seine milden Urteile bekannt. Wer vor seiner Kammer stand, hatte in der Regel wenig zu befürchten und durfte auf ein reduziertes Strafmaß hoffen.
Als jedoch der Staatsanwalt in meiner Verhandlung in seinem Schlussplädoyer, wenn ich mich richtig erinnere, sechs Jahre und acht Monate forderte, war ich mir meiner Sache einen Moment lang

nicht mehr sicher. Dieses Strafmaß hätte wirklich wehgetan. Unter Annahme der in Deutschland möglichen vorzeitigen Entlassung zum Zwei-Drittel-Termin hätte dies für mich eine Haftstrafe von mindestens viereinhalb Jahren bedeutet, und das war beileibe kein Pappenstiel.

Es stellte sich heraus, dass auf den besagten Richter tatsächlich Verlass war. Er verkündete im Mai 2000 nach einer mehrtägigen Verhandlung in seiner vierstündigen Urteilsbegründung die seiner Meinung nach gerechtfertigte Buße: zwei Jahre und zehn Monate! Der Haftantritt wurde auf den 23. April 2001 festgelegt, sodass ich auch nach dieser Verhandlung keine Handschellen angelegt bekam, sondern weitere elf Monate in Freiheit verbringen durfte. Da an meinem Prozess sogar eine überregionale Zeitung interessiert war, bescherte mir die Verhandlung äußerst zweifelhaften Ruhm.

Es steht natürlich jedem Menschen frei, sich eine Meinung über das Urteil zu bilden. Zu behaupten, ich hätte mich damals nicht darüber gefreut, mit einem blauen Auge davongekommen zu sein, wäre gelogen. Dennoch war ich angesichts der Perspektive auf einen mehrjährigen Gefängnisaufenthalt am Boden zerstört. Aus heutiger Sicht betrachte ich das Urteil als Farce. Wie viel musste ein junger Mensch denn verbrochen haben, um von einem deutschen Gericht eindringlich zurechtgewiesen zu werden.

Ich war ab meinem 14. Lebensjahr durchgehend straffällig geworden und hatte mich unzählige Male vor einem Richter verantworten müssen. Körperverletzung, Diebstahl, Vandalismus, Beleidigung ... Mal musste ich zur Strafe bei einem Fußballverein Laub fegen, mal bei der Arbeiterwohlfahrt Hilfsdienste verrichten – Tätigkeiten, die nicht gerade unangenehm waren. Keine dieser Strafen war schmerzhaft. Innerhalb der rechten Szene wurden Anklagen wie Siegerurkunden gesammelt. Außerdem verhalfen mir die verhängten Strafen stets zu interessanten Begegnungen mit anderen Kameraden. Ich hatte also

nie den Eindruck gewonnen, dass mir die Justiz in irgendeiner Form Schaden zufügen oder mich gar zur Einsicht bringen konnte.
Wenn man sich noch einmal genau vor Augen führt, wegen welcher Vergehen ich vor dem Landgericht stand, wird die Absurdität des Urteils überdeutlich. Ich, oder wenn man es genau nimmt, wir hatten von einem unschuldigen Bürger mehr als 20 000 Mark erpresst, ihn mit einer Waffe bedroht und am Ende brutal zusammengeschlagen. In meinem Fall kam zusätzlich das Delikt der Brandstiftung hinzu. Auch das Abbrennen eines Imbisswagens dürfte kein Kavaliersdelikt sein – vor allem dann nicht, wenn die Brandstiftung von einem Täter verübt wurde, der gerade unter Bewährung stand. Und für all diese Vergehen sollte also eine Haftstrafe von zwei Jahren und zehn Monaten ausreichend sein? Eine Haftstrafe, die noch dazu durch eine vorzeitige Entlassung nach dem Zwei-Drittel-Termin deutlich unter zwei Jahren liegen würde. Recht? Unrecht? Halbrecht? Oder einfach nur rechtslastig?
Von den etwa 20 000 Mark Beute waren zum Zeitpunkt der Verhaftung unserer Gruppe noch 18 000 übrig. Den Rest hatten wir bereits verjubelt – für Alkohol, Kleidung, Nazi-Devotionalien und eine großzügige Spende an die HNG. Profitiert hatten von der Beute alle Erpresser. Bezahlen musste am Ende nur einer.

28

Vor dem Haftantritt

Bis zu meinem Haftantritt im April 2011 hatte ich noch einige Monate Freiheit vor mir. Es war angebracht, sich bis dorthin nach außen hin ruhig zu verhalten. Ich stand zu jener Zeit im regelmäßigen Kontakt mit meinem Bewährungshelfer und der Arbeiterwohlfahrt und wohnte – nachdem die Ehe meiner Mutter mit meinem Stiefvater in die Brüche gegangen war – mit Mutter und einer meiner Schwestern zusammen in einer Wohnung in Torgau. Ich verhielt mich einigermaßen unauffällig, was jedoch nicht bedeutete, dass ich mich zu diesem Zeitpunkt bereits von der Szene abgewandt hatte.

Mein Glaube an die sogenannte Kameradschaft hatte erste Risse bekommen, und ich war von dem Verrat meiner Erpressergruppe zutiefst enttäuscht. Das hieß aber nicht, dass ich deshalb die neonazistische Idee infrage stellte. Ich schrieb die bittere Erfahrung einzelnen Kameraden zu, nicht der Bewegung an sich. Allerdings lernte ich zu dieser Zeit auch den wichtigsten Menschen in meinem Leben kennen: meine heutige Frau. Jede unserer Begegnungen brachte mich vor dem Haftantritt einer neuen, besseren Welt näher.

Es war die berühmte Liebe auf den ersten Blick, als ich sie das erste Mal im Torgauer Russenviertel sah. Was ihre Frisur und ihr Outfit anbelangte, wirkte sie wie ein Renee-Mädchen. Sie trug den szenetypischen Feather-Cut, und ich war mir sicher, dass sie der rechten Bewegung angehörte. Aber ich täuschte mich gewaltig: Sie war keine von uns! Die junge Frau kam aus gutem Elternhaus, stand als Gymnasiastin vor dem Abitur und teilte nicht einmal im Ansatz die verqueren Feindbilder meiner Ideologie. Aber wir kamen, nachdem

ich sie im Torgauer Russenviertel einfach angesprochen hatte, zusammen.
Den typischen Skinhead-Stil trug sie aus rein ästhetischen Beweggründen. Ihr gefielen diese Art der Kleidung und die Kurzhaarfrisur, die über die Ohren hinweg in lange Strähnen überging. Politisch war sie eher links angesiedelt. Nachdem wir zusammengekommen waren, stand ich gesellschaftlich, ideologisch und auch sprachlich plötzlich einer völlig neuen Welt gegenüber. In ihrer Gegenwart war es mir nicht mehr gestattet, meine über Jahre hinweg antrainierten stereotypen Floskeln zu äußern. Worte wie »Kanacke« oder »Bimbo« existierten in ihrem Universum nicht, und sie hatte auch nicht im Geringsten vor, meine Ausdrucksweise und meine Denkmuster zu übernehmen.
Ich führte somit ein Doppelleben. Wenn ich mit meiner Freundin zusammen war, riss ich mich zusammen und versuchte, meinen bis dahin permanent gepflegten Rassismus zu verbergen. In der Gesellschaft meiner Gesinnungsleute verhielt ich mich wie gewohnt, wenngleich mir bewusst war, dass ich mich im Ernstfall nur bedingt auf diese Menschen verlassen konnte. Ich ging weiterhin regelmäßig zu den Treffen und gründete zusammen mit anderen eine unbedeutende Neonazi-Band. Der Aufbau der Musikgruppe war genau genommen ein Bruch meiner Bewährungsauflagen, denn verfassungsfreundlich waren die Texte, die da gesungen wurden, garantiert nicht.
Irgendwann war es dann April geworden, und ich trat meine 34-monatige Haftstrafe in der Justizvollzugsanstalt Chemnitz an. Ich war nun also ganz offiziell ein »Knacki« ...
Im Gefängnis lief es im Grunde ähnlich ab wie bei meinen Sozialstunden in Dommitzsch und Torgau: Es kam erst einmal zum großen Abklatschen. Die inhaftierten Neonazis erkannte man auf den ersten Blick. Die Markenzeichen waren eindeutig: Tattoos, kurzer Haarschnitt. Waren beide etwas dezenter gehalten, genügte ein offenes

Ohr, denn die Musik, die viele hörten, ordnete sie unmissverständlich der rechten Szene zu.

Es war naheliegend, dass sich die große Anzahl rechtsradikaler junger Menschen im ostdeutschen Raum auch in den Gefängnissen widerspiegelte, zumal die Neonazi-Szene nicht gerade für gesetzestreues Verhalten bekannt war. Dennoch überraschte mich der außerordentlich große Anteil Rechtsextremer unter den Insassen der JVA Chemnitz. Wie sich herausstellen sollte, war meine Zeit in der Haftanstalt jedoch nur von äußerst kurzer Dauer.

Bereits nach zwei Tagen fühlte ich mich bemüßigt, einen spektakulären epileptischen Anfall zu simulieren, den ich offenkundig so glaubhaft mimte, dass ich noch am selben Tag in das Haftkrankenhaus von Leipzig überstellt wurde. Die erforderlichen Kenntnisse hatte ich mir irgendwann einmal angelesen. Ich wusste genau, wie ich mich verhalten musste, und bot eine meisterhafte Vorstellung. Mein Plan war also im ersten Anlauf aufgegangen.

Dieser Erfolg überraschte mich ein wenig: Konnte es tatsächlich so einfach sein, die Gefängnisbehörden und -ärzte zu überlisten? Offenbar ja. Vertrauen in die Sicherheit der Justizvollzugsanstalten weckte die Durchschlagkraft einer solch primitiven Finte jedoch nicht.

29

Die türkischen Helfer

Mein neues »Zuhause« hieß also zunächst einmal Leipzig. Haftkrankenhaus. Dort wurde ich eingehend untersucht und mit Medikamenten versorgt, die ich aber nur zum Teil einnahm. Grundsätzlich war die Atmosphäre im Krankenhaus natürlich viel angenehmer. Das Essen war besser, die Räumlichkeiten waren ein wenig ansprechender, und der Tagesablauf gestaltete sich entspannter. Ich fühlte mich also beim Einstieg in mein Gefängnisleben in Leipzig erst einmal gar nicht so unwohl. Im Haftkrankenhaus sollte auch mein Dasein als Neonazi einen tiefen Einschnitt erfahren.

Wenige Wochen nach meiner Ankunft kam es beim Hofgang zu einer folgenreichen Begegnung. Ich vertrat mir ein wenig die Beine, es war schönes Wetter und angenehm warm. Da ich mich in der Zwischenzeit gut eingelebt hatte, war ich gelassener Stimmung – bis ich in einer schattigen Ecke zwei inhaftierte Kameraden sah, die ungeniert einen Joint rauchten.

Ich wurde sofort wütend, denn das, was dort vor sich ging, war in rechten Kreisen absolut unerwünscht. Alkohol und Zigaretten waren selbstverständlich erlaubt – in manchen Zirkeln vielleicht sogar geboten –, Drogen aber wurden verurteilt. In der Szene herrschte die folgende Überzeugung: Punks kifften und spritzten sich Heroin oder konsumierten andere Rauschmittel, ein Deutscher mit nationaler Gesinnung lehnte dies jedoch ab.

Ich näherte mich also bis zur Halskrause gereizt den Gesinnungsgenossen und sprach sie ohne Umschweife auf ihr Verhalten an: »Kameraden, was ihr hier treibt ist asozial, jüdisch und undeutsch. Nehmt die Scheiß-Drogen weg!« Die beiden drehten sich wie in Zeitlupe gelangweilt um und murmelten etwas wie: »Bleib cool, Mann, scheiß dir nicht in den Frack!«

Cool. Was für ein Reizwort! Diese Neonazis konsumierten nicht nur verbotene Drogen, sie bedienten sich auch noch einer asozialen Sprache. Anglizismen oder Amerikanismen waren in der rechten Szene strengstens untersagt. Da war nichts cool und auch nichts chillig, man wählte die Bezeichnungen gut, klasse oder dufte. Dass das Wort »dufte« aus dem Jiddischen kam, war dabei den wenigsten bekannt. Das Wörtchen »cool« und die lässig arrogante Haltung der Kameraden brachten für mich das Fass zum Überlaufen. Innerhalb von wenigen Sekunden war ich in eine Rangelei mit den beiden verwickelt. Ein Rempler hier, ein Schubser dort, ein paar Kraftausdrücke und grobe Beleidigungen – ein Wort gab das andere, und schon war der Konflikt im Gange. Der Ablauf gestaltete sich wie eine Episode aus einem »Wie-fange-ich-Streit-an«-Lehrbuch.

Die Auseinandersetzung entwickelte sich schnell zu einer handfesten Schlägerei. Zwei türkische Häftlinge schritten ein und zerrten uns auseinander. Ich war unglaublich zornig auf diese beiden Türken, schließlich ließen sich meine Ressentiments gegen Ausländer nicht mit einem Wimpernschlag beiseiteschieben. Begriffe wie »Kanaken« oder »Kümmeltürken« waren in meinem Denken derart präsent, dass es nur eines kleinen Schlüsselreizes bedurfte, um diese Schimpftiraden abzurufen.

Der Hofgang wurde rasch durch das Gefängnispersonal beendet, alle fünf Schläger wurden unter Arrest gestellt. Ich erinnere mich noch sehr gut daran, wie ich in der kleinen Arrestzelle auf und ab ging und mich vor lauter Wut kaum beruhigen konnte. Wut auf die sogenannten Kameraden und auch auf die beiden türkischen Häftlinge, die mich zwar mutmaßlich vor einer schmerzhaften Niederlage bewahrt hatten, sich aber andererseits nach meiner Überzeugung anmaßend in eine Auseinandersetzung zwischen national gesinnten Deutschen eingemischt hatten.

Ich verbrachte zwei Tage in der Arrestzelle und war nicht in der Lage, meine Emotionen wieder ins Gleichgewicht zu bringen. Es dauerte ziemlich lange, bis ich das Geschehen einordnen konnte. Die Gefängnispsychologen führten einige Gespräche mit mir, da sie meinen Gemütszustand genauer analysieren wollten.

Es stand die Rückverlegung nach Chemnitz bevor, von dort wurde ich aber nach wenigen Tagen in meine alte Heimat Torgau überstellt, wo ich auf gleichgesinnte Bekannte aus früheren Tagen traf. Ich war also wieder »zu Hause«. Nach etwa zwei Monaten fand eine Vollzugskonferenz statt, bei der mein Antrag auf offenen Vollzug bewilligt wurde.

30

Der offene Vollzug

Nach drei Monaten in Chemnitz und zwei weiteren Monaten in Torgau kam ich schließlich in den offenen Vollzug. Zunächst arbeitete ich noch innerhalb der Gefängnismauern im anstaltseigenen landwirtschaftlichen Betrieb. Dort verhielt ich mich recht ruhig und kam mit den Mitgefangenen gut zurecht. Mit der Zeit entstanden sogar einige Knastfreundschaften.

Wenig später wurde mir eine durch das Arbeitsamt finanzierte Arbeitsbeschaffungsmaßnahme angeboten. Es oblag der Anstaltsleitung zu prüfen, ob es angemessen war, einem bekanntermaßen aggressiven Schläger wie mir ein solches Privileg zukommen zu lassen. Ich war jedoch deutlich ruhiger geworden. Das Adrenalin, das einst meine Handlungen bestimmte, hatte sich verflüchtigt. Zudem hatten unzählige Gespräche mit anderen Inhaftierten, die nicht rechtsradikal waren, und die Sitzungen mit den Psychologen mich vor Fragen gestellt, die sich nicht mehr mit den radikalen, stereotypen Klischees der neonazistischen Gesinnung beantworten ließen.

Ich haderte erneut mit den Widersprüchen innerhalb der rechten Szene. Da ich in der Vergangenheit die ideologischen Grundsätze des Neonazismus äußerst konsequent vertreten hatte, stellten mich die zahlreichen Unstimmigkeiten, die ich nun bemerkte, vor Probleme. Dazu gehörten zum einen die Ungereimtheiten, die mir schon länger durch den Kopf gingen, wie die Verehrung des homosexuellen Michael Kühnen, die Kameraden, die bei Burger King und McDonald's speisten, und auch die Rechten, die sich auf dem Gefängnishof Joints drehten und dies auch noch »cool« fanden.

Darüber hinaus, und das wog noch viel schwerer, war mir klar geworden, dass mich ausgerechnet zwei Türken aus der Schlägerei auf dem Gefängnishof, die für mich vermutlich schlecht ausgegangen wäre, herausgeholt hatten. Bemerkenswert war daran auch, dass die türkischen Häftlinge eingegriffen hatten, obwohl ich ein Neonazi war und dies nach außen hin auch erkennbar gewesen sein musste. Zwei Türken hatten also einen Menschen gerettet, von dem sie wussten, dass er sie hasste und am liebsten aus Deutschland vertrieben hätte.

Als ich meinen offenen Vollzug antrat, erfuhr ich, dass die Zuerkennung dieses Privilegs Teilen der rechten Szene verdächtig vorkam. Innerhalb der Gruppierungen waren intensive und unverblümte Diskussionen geführt worden, welche Deals mit den Ermittlungsbehörden mir dieses Privileg wohl beschert hatten. Es gab natürlich keine Deals. Ich war ganz einfach Nutznießer einer Justiz, die es mit ihren Häftlingen gut meinte und zumindest bei dem einen oder anderen Inhaftierten positive Qualitäten wahrnahm. Meine Mutter hatte sich sehr um die Arbeitsbeschaffungsmaßnahme bemüht und mir dadurch geholfen, dem zermürbenden Gefängnisalltag zu entkommen.

Es dürfte dennoch klar sein, dass ein langjähriger, überzeugter Neonazi nicht über Nacht zu einem braven, reumütigen Strafgefangenen wird, der alles daran setzt, in der Zukunft als rechtschaffener Bürger zu leben. Es ist wie mit einem grippalen Infekt: Es dauert ein wenig, bis er sich bemerkbar macht, dann folgt hohes Fieber, und am Ende benötigt der Körper ein paar Tage, um sich zu erholen. Und genau in diesen Tagen der Rekonvaleszenz sollte sich der Patient nicht übernehmen, um nicht sofort wieder rückfällig zu werden.

So in etwa ließe sich mein »Gesundheitszustand« zu jener Zeit beschreiben. Die Phase glühenden Fiebers – der Höhepunkt meines Neonazi-Daseins – war überschritten, dennoch lief ich ständig Gefahr, mich erneut mit dem hartnäckigen braunen Virus zu infizieren. Er lauerte schließlich überall: In der Justizvollzugsanstalt, in der Ge-

werbeschule, auf der Baustelle und in den Straßen Torgaus. Es war schwierig, sich wirkungsvoll vor dieser Krankheit zu schützen.
Meinen ersten »Rückfall« erlitt ich schon bald. Ich versuchte, in meinem Ausbildungsbetrieb einige rechte Flugblätter zu kopieren, die ich in der Haftanstalt verteilen wollte. Die Sache flog auf, weil ich in der Hektik das Original im Kopiergerät vergaß, was wiederum meinen Arbeitgeber derart erzürnte, dass er unverzüglich die Gefängnisleitung informierte.
Ich ging sofort für eine Woche in Haft – mein Freigang war gestrichen worden –, und mir wurde nachdrücklich angeraten, mich mit EXIT-Deutschland in Verbindung zu setzen, einer Organisation, die Neonazis bei ihrem Ausstieg aus der rechtsextremen Szene unterstützt. Anderenfalls, so machte man mir deutlich, wären meine Ausbildungsstelle und die vorzeitige Haftentlassung nach dem Zwei-Drittel-Termin gefährdet.
Ich hatte tatsächlich Angst, das Privileg eines Freigängers nebst Ausbildung zu verlieren. Bei dieser Sorge standen nicht die Lehrstelle und die Begegnungen mit Kameraden im Vordergrund, ich fürchtete vielmehr um die kleinen Freiheiten, an die ich mich schnell gewöhnt hatte. Morgens auf dem Weg zur Arbeit einfach bei einem Bäcker stoppen und ein frisches Brötchen holen – diese kleinen Dinge waren es, die mein Häftlingsleben erträglicher machten.
Man wird in der Tat bescheidener, wenn man ein paar Tage oder Wochen hinter Gittern verbracht hat. Die fehlenden Möglichkeiten, sich abends mit Kameraden zu betrinken, schmerzen gar nicht so sehr, und auch nicht die Gelegenheiten, Zeit mit der Freundin zu verbringen, obwohl diese Einbußen natürlich belasten. Es sind letztendlich die kleinen Belanglosigkeiten wie ein knuspriges Brötchen oder ein lecker duftender Kaffee, die das Leben als Freigänger zu einem wahren Luxus gedeihen lassen. Und genau darauf wollte und konnte ich nicht mehr verzichten. Also blieb mir nur eine Lösung: Ich stimmte einem

Treffen mit EXIT-Deutschland zu und erweckte somit wenigstens den Anschein, in meinem Leben etwas ändern zu wollen.

31

Ein Weg nach draußen

Der Mann stellte sich mir mit einem freundlichen Lächeln vor: Georg Simonsky von EXIT-Deutschland. Er erklärte mir, er wäre nun mein Betreuer, der mich darin unterstützen würde, der rechten Szene eines Tages den Rücken zu kehren. Mir kam die ganze Sache zunächst ein bisschen merkwürdig vor. Ich fühlte mich an Filme erinnert, in denen sich Menschen in einer Gruppe der Anonymen Alkoholiker von ihrem Stuhl erhoben und sagten: »Ich heiße Rüdiger und ich bin Alkoholiker.«
Darüber hinaus beschlich mich der Verdacht, dieser Mann könnte dem Staats- oder Verfassungsschutz angehören und nur darauf bedacht sein, mir weitere Bekenntnisse über Straftaten oder die Aktionen unserer Gruppe zu entlocken. Aber was hätte ich in diesem Moment tun sollen? Ich hatte meine Lehrstelle und mein Freigänger-Dasein zu verteidigen, und dafür war mir fast jedes Mittel recht.
Da ich in der Haftanstalt bereits ein Anti-Gewalt-Seminar besucht hatte, waren mir der Gesprächston und das Verhalten von psychologisch geschultem Personal einigermaßen vertraut. Ich hatte mir deshalb für die erste Begegnung mit meinem EXIT-Betreuer vorgenommen, ganz genau darauf zu achten, was ich kundtat und was ich besser für mich behielt.
Zu meinem großen Erstaunen war dieser Mann an meinen bisherigen Vergehen aber überhaupt nicht interessiert. Eine seiner ersten Fragen zielte in eine ganze andere Richtung: Georg Simonsky wollte von mir wissen, ob es tatsächlich mein Ziel gewesen war, mit 21 Jahren ohne Schulabschluss und ohne Lehre in einem Gefängnis zu sitzen. Diese Frage saß!

Ich begann, dem EXIT-Betreuer darzulegen, wie ich mit der rechten Szene in Kontakt gekommen war und welche Entwicklungen stattgefunden hatten, um mich genau in jene Lage zu bringen, die er gerade beschrieben hatte. Je mehr ich diesem Mann von mir berichtete, umso mehr verwunderte es mich, dass sich ein mir völlig fremder Mensch für mein Leben interessierte und mir dabei zuhörte, wie ich meine Geschichte erzählte.

Diese Erfahrung war für mich neu. Selbstverständlich hatte ich vor meiner Wandlung zum Neonazi und der damit verbundenen Abkehr von meiner Familie als Junge die Möglichkeit gehabt, mich mit meiner Mutter oder mit meinem Stiefvater zu besprechen. Einen der Unterredung mit dem EXIT-Betreuer vergleichbaren Tiefgang konnten diese Gespräche jedoch gar nicht besitzen.

Innerhalb der rechten Szene wurde natürlich kaum über Probleme gesprochen, schließlich war man ein harter Kerl, der sich mitten im Klassenkampf nicht mit peinlichen Belanglosigkeiten wie Kränkungen und Alltagssorgen aufhalten konnte. In diesen Kreisen wurden kraftstrotzende Phrasen gedroschen, Parolen gegrölt oder perfide Pläne geschmiedet. Mehr war nicht zu erwarten – schon gar nicht nach der 12. oder 13. Flasche Bier …

Dieser fremde Mann schien mir aufmerksam zuzuhören und stellte mir Fragen, die bis zu diesem Treffen noch nie an mich gerichtet worden waren.

Als das erste Gespräch mit meinem EXIT-Betreuer vorüber war, fühlte ich mich hin- und hergerissen. Georg Simonsky war mir ohne Zweifel auf Anhieb sympathisch, dennoch blieben meine Zweifel, ob ich ihm wirklich trauen konnte, bestehen. War sein Interesse vielleicht die Strategie eines gut ausgebildeten Spitzels, der sich nur mein Vertrauen erschleichen wollte, um mich am Ende den Behörden auszuliefern? Eine klare Antwort auf diese bohrende Frage gab es zu diesem Zeitpunkt nicht.

Ich bekam in regelmäßigen Abständen Briefe von Georg Simonsky in die JVA Torgau gesandt. Er schickte mir sogar eine Geburtstags- und eine Weihnachtskarte. Es waren die ersten, die ich in meinem Leben erhielt! Im Laufe der Zeit bemerkte ich, dass ich mich auf die Besuche meines EXIT-Betreuers freute.

Die Gespräche mit Georg Simonsky wurden immer intensiver, und ich stellte trotz meines Misstrauens fest, dass er in diesen Diskussionen nicht gegen mich persönlich, sondern gegen meine politische Auffassung Stellung bezog. Er war ein guter, kluger Gesprächspartner, der das, was mir bis zu diesem Zeitpunkt als einzige Wahrheit galt, äußerst logisch und plausibel widerlegen und jedes noch so unantastbar wirkende nationalsozialistische Gedankengebäude mit guten Argumenten zum Einsturz bringen konnte. Wir sprachen über Demokratie, Geschichte, Diktaturen, über den Nationalsozialismus, den Holocaust, die geistigen Führer des Dritten Reiches und deren Erben in der bundesrepublikanischen Neonazi-Szene. Alles, was er mir dazu zu sagen hatte, leuchtete mir irgendwie ein. Und es machte mich erschrocken. Ich erschrak über mich selbst, meine sogenannten Kameraden und unsere in Wahrheit sehr kranke Gesinnung.

Noch während ich im offenen Vollzug war, verließ mich meine Freundin. Ihr Entschluss traf mich hart, war aber, da er wohl der Unvereinbarkeit unserer beiden Welten geschuldet war, völlig nachvollziehbar. Sie hatte ihr Abitur gemacht und trat einen Ausbildungsplatz in Süddeutschland an – warum hätte sie dabei auf einen wie mich Rücksicht nehmen sollen? Obwohl ich aufgrund meiner Lehre zumindest den Anschein erweckte, meinem Leben eine neue Richtung zu geben, war noch längst nicht gesichert, dass aus mir eines Tages ein anständiger Mensch werden würde.

Nach der Trennung von meiner Freundin fühlte ich mich meinem EXIT-Betreuer noch enger verbunden. Er war zu einem der ganz wenigen Menschen geworden, bei denen ich so etwas wie Vertrautheit und Nähe zulassen konnte. Ich stellte fest, dass durch die intensiven Gespräche mit meinem Betreuer ein großer Teil meiner Feindbilder abgebaut wurde, und ich machte die Erfahrung, dass man mit weniger Feindbildern plötzlich nette Menschen kennenlernte. Mit einem Mal begegnete ich im Gefängnis Häftlingen, die sympathisch waren, obwohl sie keine rechtsradikale Gesinnung besaßen. Mit ihnen konnte ich mich unterhalten, ich konnte mit ihnen lachen, Quatsch machen, über Sorgen und Probleme reden, zuhören und manchmal auch einfach nur schweigen. Ich erlebte mit ihnen den ganz normalen Umgang der Menschen miteinander – ohne aggressiven Rechtsrock, ohne exzessiven Alkoholgenuss und ohne Hetzkampagnen gegen Türken, Asiaten oder Schwarze zu organisieren. Ich erlebte eine Form des Kontaktes, die ich bisher nicht kannte.

Nachdem wir uns besser kennengelernt hatten, begann Georg Simonsky mir Fragen zu stellen, über die ich bis zu unserem nächsten Treffen ein wenig nachdenken sollte. Fast alle Gespräche, die aus diesen Fragen resultierten, brachten mich ins Grübeln.

Es waren eigentlich ganz simple Fragen, die ich mir auch selbst hätte stellen können – Fragen, die mich und mein Umfeld ganz naiv beleuchteten. Mein Betreuer wollte beispielsweise wissen, ob mich meine Freunde aus der rechten Szene im Knast besuchten. Die Antwort war ernüchternd: Nein, kein einziger hatte je bei mir vorbeigesehen. Ein paar Kameraden hatten mich zum Haftantritt zur JVA gefahren – mehr war seither nicht passiert.

Simonsky bohrte weiter: »Aber warum denn nicht? Du bist doch ein guter Kamerad!« Ja, warum eigentlich nicht? Warum kamen sie mich nicht besuchen? Hatten sie mich vergessen?

»Hast du wenigstens Briefe von deinen Jungs bekommen, Manuel?«

Nur von meinem engsten Kameraden und dessen Freundin. Aus der Szene kam nichts. Die einzigen Briefe und Karten, die ich ansonsten erhielt, waren von ihm, meinem EXIT-Betreuer, und von meiner Familie.

»Hast du Antwort auf deine Briefe bekommen?« Nein, auch das war leider nicht der Fall.
»Aber deine Kameraden haben dir bestimmt etwas zu Weihnachten geschickt. Vielleicht ein kleines Päckchen?« Nein, für mich war kein Päckchen in der Post. Aber, so wandte ich ein, vielleicht hatte die Gefängnisleitung meine Post zensiert und abgefangen.
»Hast du von einem einzigen Strafgefangenen hier gehört, dass seine Post einbehalten wird?« Nein, so etwas war mir nie zu Ohren gekommen. Die Post wurde zwar überprüft, zugestellt wurde sie aber immer.
»Dann hast du vielleicht nichts von deinen Kameraden bekommen.« Ja, es sah ganz danach aus. Kein Brief, keine Päckchen, nichts!
»Warum bist du überhaupt im Knast, Manuel?« Na, weil ich einen Mann erpresst und schwer verletzt hatte – und wegen all der anderen Straftaten, die ich bis zu meiner Verhaftung begangen hatte.
»Aha. Aber aus welchem Grund wurdest du denn verhaftet?« Im Film oder auf einer Schauspielbühne hätten die Personen, denen diese Frage gestellt würde, zunächst einmal stumm und betroffen zu Boden geblickt, denn die Antwort tat richtig weh: Weil mich meine Kameraden verpfiffen haben!
»Wie, deine Kameraden haben dich verpfiffen? Und was ist mit dem Zusammenhalt, mit der Kameradschaft und der Bruderschaft?« Ja, was war damit? Das hätte ich eigentlich auch gerne gewusst. Aber es gab ja noch die wenigen treuen Kameraden, auf die ich mich verlassen konnte.
»Tatsächlich?« Hoffentlich!
»Erzähl mal, Manuel: Hättest du als Neonazi eigentlich auch ein cooles Surfer-Shirt oder ein Hawaii-Hemd tragen dürfen?« Natürlich nicht! Der Dresscode stand in Stein gemeißelt: Wir trugen meist Kleidung von Londsdale, Fred Perry, New Balance – Marken, die per se nichts mit der rechten Szene zu tun hatten, aber dennoch sehr beliebt waren. Heute kleiden Thor Steinar, Constaple und Hooligan Neonazis passend ein.

Aber die Frage von Georg Simonsky zielte natürlich auf etwas anderes ab: Wäre es mir wie einem mündigen, freien Bürger gestattet gewesen, mich so zu kleiden, wie es mir gefiel? Nein. Ein freier Wille war bei Markenzeichen wie diesen nicht gefragt! Und das hätte ich auch nicht gewollt.

»Warum nicht?« Weil ich dann wie ein bekiffter Penner ausgesehen hätte.

»Ach so?« Ja, ach so!

»Hättest du einen anderen Haarschnitt tragen dürfen?« Georg Simonsky ließ sich auf seiner Forschungsreise in meine Gedankenwelt nicht aufhalten. Etwas anderes als einen kahl geschorenen Kopf? Womöglich lange Haare? Oder einen Irokesenschnitt? Undenkbar! Ein solches Erscheinungsbild wäre nie geduldet worden.

»Und wieso nicht?« Ja, was weiß ich denn? Weil es sich eben nicht gehört.

»Und wer sagt, dass so etwas ungehörig ist?« Keine Ahnung, wer das sagt – ist halt so.

»Ach so, das ist halt so! Und welche Entscheidungen triffst du für dich allein, Manuel?« Wie, welche Entscheidungen?

»Du lässt dir sagen, welche Kleidung und welchen Haarschnitt du tragen sollst, welche Musik du zu hören hast und wen du hassen musst. Welche Entscheidungen triffst du denn für dich selbst?«

Auf diese Frage wusste ich naturgemäß keine Antwort.

»Wie denkst du über Diktatur, Manuel?« Wie dachte ich schon darüber? Nach allem, was ich wusste, hatten im Dritten Reich Zucht und Ordnung geherrscht, die Menschen hatten Arbeit, und die Ausländer waren dort, wo sie meiner Meinung nach hingehörten: im Ausland! Und überhaupt – beim Bund Arischer Kämpfer hatte sich herausgestellt, dass Demokratien zum Scheitern verurteilt waren. Die Wehrsportgruppe Racheakt mit ihren hierarchischen Strukturen hatte weitaus besser funktioniert.

»Aber kann es sein, dass sich Diktaturen vor allem für die Anführer gut anfühlen?« Das mochte vielleicht sogar stimmen, denn in der Wehrsportgruppe Racheakt hatte ich das Sagen gehabt. Wie sich ein Untergebener selbst in einer so kleinen Diktatur fühlte, hatte ich nie kennengelernt.

»Würden die Rechten, gesetzt den Fall sie kämen wieder an die Macht, euren Eltern wieder zu ihren Arbeitsplätzen verhelfen, indem sie alle Ausländer aus Deutschland vertrieben?« Na ja, es waren nicht die Türken oder die Schwarzen gewesen, die die landwirtschaftlichen Betriebe rund um Torgau geschlossen hatten. Das waren die Politiker.

»Und Politiker mit rechtsextremer Gesinnung hätten es besser gemacht?« Gute Frage. Da war ich mir gar nicht mehr so sicher.

»Wann hattest du deine schönste Zeit, Manuel?« Als die DDR noch Bestand hatte.

»Und war die DDR eher rechts oder eher links?« Sie folgte der Ideologie des Marxismus-Leninismus. Also links.

»Das heißt: Dir und deinen Eltern ging es am besten, als die Linken an der Macht waren?« Na ja, so gesehen schon.

»Gab es tiefgründige Gespräche in der rechten Szene? Konntest du offen über alles reden?« Nur selten. Man erzählte sich schon ein paar Sorgen und Probleme, aber manche Themen wurden als Zeichen von Schwäche gewertet. Soldaten weinen nicht, hieß es immer, und an diesen Grundsatz hielten sich alle. Weinen und Jammern war etwas für Schwule, aber nichts für richtige Männer.

»Hättest du denn Gründe gehabt, dich auch einmal bei jemandem auszuweinen?« Die gab es sicher, aber ich hatte große Hemmungen, über so etwas zu sprechen.

»Und in wessen Gegenwart hast du dich in der Vergangenheit so richtig glücklich gefühlt, Manuel? Mit deinen Kameraden vielleicht?« Eigentlich nicht. Richtig glücklich war ich immer dann gewesen, wenn ich mit meiner Familie oder meiner Freundin zusammen war, und diese Menschen hatten mit der rechten Szene rein gar nichts zu tun. Aber – und das war die bittere Realität: Meine Freundin hatte mich verlassen. Ich war im Grunde genommen wieder allein. Und genau in diesem Augenblick wurde mir das schmerzhaft bewusst.

»Und wie fühlt sich das nun an –allein und verlassen in der Haftanstalt?« Beschissen! Es fühlte sich schrecklich an. Ich hatte das Gefühl, in den zurückliegenden Jahren nur ausgenützt worden zu sein. Ich war gut genug gewesen, in meinem Elternhaus Räumlichkeiten für Partys und Versammlungen zu stellen, und nun schien kein Mensch mehr nach mir zu fragen. Es gab nur diesen sympathischen Mann von EXIT, dem ich mich ein wenig anvertrauen konnte, meine geschiedenen Eltern, meine Geschwister und die sehr wenigen treuen Kameraden – die mich jedoch nie besuchen kamen.

32

Zwischen den Welten

Im Grunde genommen war von meinem rechtsextremistischen Untergrundkämpfer-Dasein nicht mehr viel übrig geblieben. Die zahlreichen Gespräche mit meinem EXIT-Betreuer hatten viele meiner Lebensinhalte infrage gestellt. Nahezu sämtliche Schlussfolgerungen, die sich aus seinen Fragen ergeben hatten, hatten meine ideologische Grundlage als verfehlt entlarvt. Meine vermeintlichen Kameraden hatten sich als Verräter entpuppt. Sie hatten mich hinter Gitter gebracht und mich dort im Stich gelassen. Während der ersten Versuche der Abkehr war es mir möglich geworden, mich mit szenefremden Mitgefangenen zu unterhalten, und ich nahm diese Kontakte als durchaus positiv wahr. In meinem Innersten brodelte es wie in einem Vulkan, denn die Zweifel, die ich aufgrund all dieser Impulse hegte, nagten an den Fundamenten meiner politischen Einstellung und an meiner gesellschaftlichen Identifikation.

Das, was Georg Simonsky mir vor Augen geführt hatte, war in der Tat niederschmetternd und hatte ein sehr schlechtes Licht auf meine sogenannte Kameradschaft geworfen. Aber – und das war der springende Punkt – ich stellte mir immer wieder die Frage, ob deshalb wirklich die gesamte Ideologie zu verwerfen war oder ob nicht nur die einzelnen »Kameraden« unaufrichtig und verlogen waren.

Hinzu kam, dass ich trotz aller Zweifel gute Erinnerungen an meine ehemaligen Kameraden hatte. Ich empfand, mit ihnen eine wirklich gute Zeit verbracht zu haben. Diese Gefühle wiederum machten es mir extrem schwer, einen echten und ehrlich gemeinten Absprung zu schaffen. Wann immer ich an meinem Arbeitsplatz oder bei meinen

Ausgängen und Urlauben wieder auf Gleichgesinnte traf, waren alle Zweifel, die in der Zwischenzeit aufgekommen waren vergessen. So ähnlich musste es wohl einem Suchtkranken gehen, der bei der geringsten Versuchung nachgab und bei dem ersten Tropfen Alkohol wieder an der Flasche hing.

Bei dieser Entwicklung ist zu berücksichtigen, dass ich zum betreffenden Zeitpunkt gerade einmal 21 Jahre alt war und die Hälfte meines Lebens in der rechten Szene verbracht hatte. Dieser Lebensabschnitt war durch die intensiven Gespräche mit meinem EXIT-Betreuer zwar grundlegend hinterfragt worden, so einfach abschütteln ließen sich diese Jahre, die ich insgesamt betrachtet ja als gute Jahre empfunden hatte, jedoch nicht.

Ich trieb wie ein Stück Holz in einem Bach. Mal stieß ich an der einen Seite des Ufers an, mal an der anderen. Ich schwamm manchmal mit dem Strom, manchmal blieb ich irgendwo hängen. Wo die Reise enden würde, war zu diesem Zeitpunkt nicht absehbar. Zu leicht ließ ich mich von meinen Zielen ablenken, und zu unsicher war ich mir, in welche Richtung ich gehen wollte.

Wann immer ein Besuch von Georg Simonsky anstand, war ich mir sicher, dass ich den Ausstieg aus der neonazistischen Szene vollenden wollte. Wann immer ein solches Gespräch beendet war, war ich der Überzeugung, dass ich diesen Ausstieg auch schaffen würde. Aber mit jedem Tag, der nach einem solchen Treffen verstrich, schwanden meine »Abwehrkräfte« wieder, und traf ich dann bei der Arbeit oder in der JVA auf Gesinnungsgenossen, befand ich mich im freien Fall. Während der Gespräche mit EXIT war ich ausgestiegen, in den dazwischenliegenden Phasen jedoch wieder voll und ganz in der neonazistischen Szene gefangen.

So war es nicht weiter verwunderlich, dass ich eine Tages einmal wieder auf eine höchst unvernünftige Idee kam. Ich beschloss, Informationsmaterial und Zeitschriften der HNG in das Gefängnis zu

schmuggeln. Die Hefte wurden mir natürlich abends an der Wache abgenommen, der Vorfall kam zur Meldung, und erneut stand ich davor, meinen Freigang gestrichen zu bekommen.
Von der Gefängnisleitung konnte ich für diese Aktion kein Verständnis erwarten, meinem EXIT-Betreuer schienen solche Verhaltensweisen aber nicht fremd zu sein. Anscheinend war diese Reaktion typisch für einen Menschen, der sich in einem Ausstiegsprozess befand.
Ich schaffte es dann doch, nicht zuletzt dank der Hilfe von Georg Simonsky, meinen Gefängnisaufenthalt nach dem Verbüßen von zwei Dritteln der Strafe im Februar 2003 vorzeitig zu beenden. Auch meine Maurerlehre setzte ich bis Mitte 2004 fort und legte erfolgreich die Abschlussprüfung ab. Damit hatte ich das erste Mal in meinem Leben eine wichtige Aufgabe zu Ende gebracht, und das wäre eigentlich Grund genug gewesen, in ein neues Leben zu starten. Aber ich war ja noch immer ein Abhängiger …
Es bleibt dennoch festzuhalten, dass ich wegen meiner Verbrechen, die nun wirklich nicht als Kavaliersdelikte einzustufen waren, insgesamt gerade einmal fünf Monate im Gefängnis saß, davon gut drei Monate in einem Haftkrankenhaus. Natürlich hätte ich mich damals nie darüber beschwert. Bei nüchterner Betrachtung aber ist es äußerst fragwürdig, dass ein Rechtsstaat einen Straftäter, der einen unschuldigen Menschen halb tot schlägt, nur fünf Monate einsitzen lässt.

33

Wieder in Freiheit

Die Rückkehr in die rechte Szene zeitigte schon bald ihre Wirkung. Es fing schleichend an. Ich begegnete hier und dort ein paar ehemaligen Kameraden, fing an, mich wieder mit ihnen zu treffen und begleitete sie zu Rechtsrock-Konzerten. Deren bierdunstige und latent aggressive Atmosphäre, durch die die harten Beats und die unverblümt rassistischen Liedtexte hallten, ließ mich schnell wieder in der braunen Szenen beheimatet werden.

Wenn ich dann abends alleine in der Wohnung meiner Mutter auf meinem Zimmer war, wurde mir in lichten Momenten immer wieder bewusst, dass es mir unmöglich war, endgültig aus der rechten Szene auszusteigen. Und wenn ich heute ehrlich zu mir bin, strebte ich diesen Ausstieg auch nicht wirklich an. Dass ich mit dieser Rückkehr zu meinen alten Verhaltensmustern erneut intensiv an meinem gesellschaftlichen und sozialen Abstieg arbeitete, war mir zu jener Zeit allerdings nicht klar. Oder war es mir gleichgültig?

Dabei waren sämtliche Vorzeichen schon wieder gegeben. Meine Ausbildung hatte ich zwar abgeschlossen, zu einem geregelten Arbeitsleben fühlte ich mich jedoch nicht berufen. Mein altes Leben, das von Alkohol, fremdenfeindlichen Parolen und Übergriffen geprägt war, hatte mich wieder. Selbst während meines offenen Vollzugs war es mir einmal passiert, dass ich betrunken einen unschuldigen Russen angriff – eine Episode, die ich selbst vor meinem EXIT-Betreuer verborgen hielt. Nun stand ich nach meiner vorzeitigen Entlassung unter Bewährung – doch auch das Damoklesschwert einer erneuten Inhaftierung hielt mich nicht von etwaigen Straftaten ab.

Sobald ich etwas getrunken hatte, war ich kaum noch zu bremsen. Alkoholisiert hatte ich meine Aggressionen nicht mehr im Griff. Mitunter hielten mich Kameraden zurück und erinnerten mich eindringlich an meine Bewährungsauflagen. Die Konsequenzen meines Tuns interessierten mich jedoch nicht.

Sosehr ich meinen Betreuer Georg Simonsky auch mochte und soviel mir die Gespräche mit ihm gegeben hatten – es war begeisternd und aufputschend, wieder mit meinen Kameraden zusammen zu trinken, die Braunen Stadtmusikanten zu hören, auf der Pirsch zu sein, neue und alte Gleichgesinnte zu treffen und gelegentlich ein bisschen Randale zu machen.

Wo sich Georg Simonskys Worte in meinem Kopf versteckt hielten, wenn ich beispielsweise mit einem Kameraden zusammen anlässlich des Todestags von Adolf Hitlers Stellvertreter Rudolf Heß ein riesiges Transparent am Ortseingang von Torgau anbrachte, vermag ich heute nicht zu erklären. Auch für die Tatsache, dass ich im Zug, als ich zu einem Treffen mit EXIT nach Schwerin unterwegs war, das Lied »Rassenschande« von der Rechtsrock-Band Deutsch, Stolz, Treue (D.S.T.) hörte, habe ich keine Erklärung. Die Denkanstöße von Georg Simonsky waren sicherlich irgendwo in mir, und sie hatten mich an so manchem Tag zum Grübeln gebracht – praktisch umsetzen ließen sie sich jedoch zunächst einmal nicht.

Den Kontakt zu EXIT-Deutschland behielt ich bei, obwohl ich mir eigentlich sicher war, mit dem Kopf und mit dem Herzen ganz bei der rechten Szene zu sein. Zu Hause, in der Wohnung, die ich angemietet hatte, nachdem ich nach meiner Haftentlassung kurze Zeit in der Plattenbauwohnung meiner Mutter gewohnt hatte, waren die Wände schon wieder mit heroischen Schwarz-Weiß-Fotografien sämtlicher NS-Größen gepflastert. Hätte mich in dieser Zeit ein Mitarbeiter von EXIT besucht, wäre mein perfides Doppelspiel sofort aufgeflogen.

Ich möchte nicht behaupten, dass meine Gespräche mit und die Vorträge für EXIT keine Spuren bei mir hinterlassen hatten, aber es lief eben alles nicht so glatt und sauber, wie ich es vorgetäuscht hatte. Nach einem Jahr gewann ich zu Hause in Torgau den Eindruck, mich innerlich weiter von der Szene entfernt zu haben, als meine Zimmerdekoration vermuten ließ. Ich traf mich immer seltener mit meinen Kameraden, und die szenetypischen Trinkgelage, das Grölen, das Phrasendreschen und die Übergriffe hatten an Reiz verloren.

Deshalb kam ich im Jahr 2004 auf die Idee, einen Naturverein zu gründen. Auf der Grundlage der Erlebnisse in den Pionierlagern in meiner Kindheit zu DDR-Zeiten und der Erfahrungen in Ausbildungscamps in Tschechien war mein Interesse an der Natur und dem Leben unter freiem Himmel im Laufe der Zeit gewachsen. Also heckte ich zu Hause in meiner Wohnung den Plan zur Gründung eines Vereins aus, den ich »Wild Adventure« nennen wollte.

Aus dem Internet und über einen Freund hatte ich mir unterschiedliche Satzungen von vergleichbaren Vereinen besorgt und anhand dieser Informationen eine eigene für Wild Adventure gebastelt. Das fertigte Schriftstück hatte ich bei der Stadtverwaltung und beim Vereinsregister eingereicht und wartete nun auf die offizielle Zulassung meines Naturbundes.

Bei der ursprünglichen Planung hatte ich keinerlei Hintergedanken und hatte nicht einmal ansatzweise versucht, irgendetwas zu mauscheln. Im Laufe der Zeit kamen jedoch immer mehr alte Kameraden hinzu, die von meiner Idee begeistert waren. Und nicht nur das: Sie waren der Ansicht, dass man über einen gemeinnützigen Verein ganz wunderbar öffentliche Gelder für die große nationale Sache abzweigen konnte.

Auf den Gedanken war ich selbst nicht gekommen, aber er begeisterte mich sofort. Ein klarer Fall: Die Stadt Dommitzsch unterstützt einen Naturverein, der Zeltlager und Ähnliches veranstaltet. In Wirklichkeit aber schlagen sich ein paar Neonazis in Tschechien oder andernorts durch die Büsche und trainieren auf Staatkosten heimlich für die feindliche Machtübernahme.

Darüber hinaus waren wir zu der Ansicht gekommen, dass sich in den Wild-Adventure-Lagern hervorragend Nachwuchs für die neonazistische Bewegung anwerben ließ, konnte man doch Jungs beim spannenden Räuber-und-Gendarm-Spiel in einem »Naturcamp« leicht für die rechte Sache begeistern.

Etwa zur gleichen Zeit hatte ich wieder Kontakt zu Gaggo, einem alten Schulfreund, aufgenommen. Gaggo war eher der Gutmensch-Fraktion zuzuordnen und hatte sich immer von der Neonazi-Szene ferngehalten. Ich hatte ihm von meinen Plänen berichtet, und er war von meiner Idee, Wild Adventure zu gründen, sofort begeistert. Offiziell gab ich mich ihm gegenüber als reumütiger Neonazi-Aussteiger aus, der sein Leben in den Griff bekommen wollte. Mein alter Schulfreund war sofort damit einverstanden, sich an der Gründung dieses Vereins zu beteiligen.

Gaggo hatte zu jener Zeit eine Arbeitsstelle an einem renommierten Theater in München. Als er an einem Wochenende nach Dommitzsch zurückkehrte, berichtete er mir freudig, dass auch sein Münchner Arbeitgeber sich unterstützend an dem Projekt beteiligen wollte.

Das muss man sich heute einmal vorstellen: Ein großes, angesehenes deutsches Schauspielhaus und dazu noch ein renommiertes Bankhaus förderten einen als Naturverein getarnten Zusammenschluss militanter Neonazis! Wenn diese Verstrickung, was gottlob nie geschah, publik geworden wäre, hätte das in der gesamten Bundesrepublik für einen gewaltigen Skandal gesorgt. Ich wäre mit Sicherheit mit einer beachtlichen Strafe belegt worden, und meiner Familie wäre es nicht mehr möglich gewesen, sich auf die Straße zu wagen. Auch meinem guten Freund Gaggo hätte ich mit diesem Betrug immensen Schaden zugefügt.

Um unseren guten Willen und unsere angeblich hehren Ziele unter Beweis zu stellen, veranstalteten wir noch vor der offiziellen Zulassung als Verein ein Zeltwochenende auf der Festwiese von Dommitzsch. Das Event war von der Stadt genehmigt worden, ein örtlicher Bauunternehmer stiftete die Begrenzungszäune rund um das Gelände. Auf dem Rasen standen ein paar Zelte und Holzkohlengrills, hier und da brannte ein Lagerfeuer. Die Veranstaltung war letztlich weniger gut besucht, als wir es uns vorgestellt hatten. Die Tatsache, dass ich in Dommitzsch als Neonazi und Ex-Knacki bekannt war, hatte vermutlich Wirkung gezeigt. Angesichts meines Renommees war es durchaus erstaunlich, dass mein Antrag auf die Vereinsgründung bis zu diesem Zeitpunkt noch nicht abgelehnt worden war.
Überdies warf am ersten Abend die Ankunft einer Gruppe von Kameraden, die die Festwiese mit ohrenbetäubendem Rechtsrock beschallte, kein gutes Licht auf meine angeblich gemeinnützigen Ziele. Glücklicherweise wurden die Wild-Adventure-Pläne verworfen, bevor das Projekt richtig gestartet worden war. Kaum auszumalen, wie tief ich mit dieser Tarnorganisation wieder in den braunen Sumpf hineingerutscht wäre.

34

Der Lebenskünstler

Ob es nun am Ende allein die Betreuung durch EXIT war oder die Tatsache hinzukam, dass ich nun bereits auf die 30 zuging – was mich in der rechten Szene von Dommitzsch, Torgau und Umgebung jahrelang begeistert hatte, langweilte mich nun. Die ganzen Lügen und die Doppelmoral, die Georg Simonsky und andere Mitarbeiter von EXIT mir immer wieder vor Augen geführt hatten, empfand ich als widerwärtig.

Es gab kaum einen Aspekt des Neonazi-Daseins, der sich nicht mit einfachsten Mitteln oder Argumenten zerpflücken ließ. Die Ideologie, der Hass und das Verständnis von Recht entbehrten einer Basis, die sich nicht durch einfachste Fragen als verfehlt enttarnen ließ. Ich empfand eine Anhängerschaft als dumm, verabscheuungswürdig und gesellschaftsfeindlich.

Ich hatte in der Zwischenzeit meine Liebe für die Kunst – oder das, was ich für Kunst hielt – entdeckt und bei der Stadt Dommitzsch einen Antrag für die Anmietung eines Ateliers eingereicht. Ich bekam tatsächlich die Räumlichkeiten einer ehemaligen Bäckerei zur Verfügung gestellt: fünf Zimmer für einen Mietpreis von 70 Euro pro Monat. Ich begann zusammen mit zwei Frauen, die nichts mit der rechten Szene zu tun hatten, das Atelier einzurichten und die ersten Bilder zu malen. Die Sache ließ sich ganz gut an, und während ich stundenlang an der Arbeit saß und mein Leben reflektierte, spürte ich erstmals, dass ich den Absprung wirklich und wahrhaftig schaffen würde. Nichts, aber auch gar nichts mehr vermochte mich noch an der rechten Szene zu begeistern, außer wenigen echten und tiefen Freundschaften, auf die zu verzichten ich mich kaum in der Lage sah. Ich denke, dass Menschen, die eine Sucht bekämpfen, das Gleiche erleben. Der körperliche Entzug mag einigermaßen gut zu bewältigen sein, sich von den Gewohnheiten zu lösen, die man mit der Sucht verbindet, und die Freunde loszulassen, mit denen man die Abhängigkeit geteilt hat, ist jedoch eine wirklich schwierige Aufgabe.

Von den meisten meiner sogenannten Kameraden hätte ich mich ohne Weiteres trennen können. Aus vielen war schließlich kaum ein vernünftiges Wort herauszubekommen. Ich möchte dabei keineswegs behaupten, dass meine Entwicklung mich zu einem Intellektuellen gemacht hatte, aber ich hatte durch die Kontakte zu EXIT und durch die Vorträge, die ich mittlerweile regelmäßig hielt, interessante Menschen kennengelernt, und ich war nun dazu fähig, mich in Situationen der Sprache zu bedienen, in denen früher die Fäuste geflogen wären. Die Schnittmenge zwischen mir und meinen ehemaligen Kameraden war im Laufe der Jahre aus vielerlei Gründen immer kleiner geworden. Am Ende waren nur wenige Kontakte übrig geblieben, die für mich jedoch unverzichtbar waren.

Aus diesem Grund besaß ich noch vereinzelte Verbindungen zur rechten Szene, ohne mich dabei als Neonazi zu fühlen. Es war die Macht der Gewohnheit, die mich ab und an bei ein paar alten Kameraden vorbeischauen ließ. Dabei nahm ich sehr wohl war, dass nicht nur ich mich distanziert hatte, auch meine ehemaligen Gesinnungsgenossen nahmen von mir Abstand.

In der ersten Zeit war ich sehr darauf bedacht, meine Kontakte zu EXIT in der Szene nicht bekannt werden zu lassen. Diese Gespräche mit dem »Feind«, als den die meisten Neonazis diese Organisation wohl betrachteten, waren für mich nicht ganz ungefährlich. In einem Umfeld, das permanent fürchtete, von V-Leuten und Spitzeln unterwandert zu werden, galten Personen, die an ihrem Ausstieg arbeiteten, als wenig vertrauenswürdig.

Deshalb wählte ich die Menschen, denen ich von meiner Verbindung zu EXIT erzählte, sorgfältig aus. Dennoch verblieb in diesem Milieu – ebenso wie in jedem anderen Lebensumfeld – die Frage, wem man wirklich trauen konnte. Ich selbst hatte ja bereits die leidvolle Erfahrung gemacht, nach der Aufdeckung der Erpressung des Geschäftsmannes von allen Beteiligten verraten worden zu sein. Meine Mitstreiter denunzierten mich ausnahmslos, dabei hatten zu dieser Gruppe »Kameraden« gehört, für die ich bedenkenlos meine Hand ins Feuer gelegt hätte.

Im Hinblick auf meine EXIT-Kontakte wäre also die einzig richtige Lösung gewesen, gänzlich Stillschweigen zu bewahren. Das war mir jedoch nicht gelungen, zumal ich in einer besonders euphorischen Ausstiegsphase auch den Versuch unternommen hatte, einen Kameraden zu bekehren, indem ich ihn zu einem Treffen mit EXIT mitnahm. Von diesem Zeitpunkt an hätte mir bewusst sein müssen, dass mein Doppelspiel irgendwann einmal auffliegen würde.

35

Die Schlinge zieht sich zu

Am Tag der Eröffnung unseres Ateliers klingelte eines meiner alten Prepaid-Handys. Ich besaß immer noch ein paar dieser Telefone und hatte sie von Zeit zu Zeit immer einmal wieder aufgeladen. Warum ich sie nicht schon lange weggeworfen hatte, weiß ich bis heute nicht. Vermutlich war es eine Fügung des Schicksals.

Die Nummer auf dem Display kannte ich nicht, und obwohl wir mitten in den letzten Vorbereitungen steckten, nahm ich den Anruf entgegen. Als ich die Stimme am anderen Ende der Leitung hörte, stockte mir der Atem: Es war meine Ex-Freundin, die große Liebe meines Lebens, die mich während meines Gefängnisaufenthaltes verlassen hatte und nach Süddeutschland gezogen war.

Ich war völlig aus dem Häuschen und konnte es nicht glauben, dass diese Frau, die so ganz anders lebte und dachte als ich, sich bei mir meldete. Ich hatte angesichts der Tatsache, dass sie sich von mir getrennt hatte, nie Groll oder Wut empfunden. Unsere beiden Welten waren damals schlichtweg nicht zu vereinbaren gewesen. Ich war zu jener Zeit verurteilter Schläger, Brandstifter und Erpresser, während sie, aus gutem Haus kommend, gerade ihr Abitur machte und intellektuell in einer ganz anderen Liga spielte.

Wir unterhielten uns ein wenig, und ich erzählte ihr von der bevorstehenden Eröffnung unserer Kunstgalerie und von meinem über die Jahre hinweg betriebenen leisen Ausstieg aus der Szene. Ich merkte sofort, dass sie sich sehr über meine Wandlung freute. Das Herz schlug mir bis zum Hals, denn ich hatte diese Frau, die ich mir von Anfang an als Partnerin fürs Leben gewünscht hatte, selbstverständlich nie vergessen. Mir war aber auch stets bewusst gewesen, dass ich sie aufgrund der Lebenshaltung, die ich in all der Zeit pflegte, nie wieder hätte für mich gewinnen können. Wir verabredeten, uns ein paar Tage später zu treffen, sahen uns und blieben zusammen. Bis heute!

Noch am selben Abend kam ein Mitglied aus der Torgauer Kameradschaft zu der Eröffnung unserer Galerie. Er sah sich um und raunte mir im Vorbeigehen zu, dass ich mich ganz schön distanziert hätte und was denn mit mir los sei …

Jeder mag nun für sich selbst entscheiden, ob er Fragen dieser Art als versteckte Warnung oder als fürsorgliche Aufmerksamkeit einschätzt. Mich erinnerte dieses Auftreten an die Berichte, die man von den Aussteigern aus einer Sekte kennt. Man hatte ständig das Gefühl, von seinen alten Begleitern nicht mehr loszukommen. Scheinbar zufällig tauchten sie immer wieder auf und gaben verbal wie nonverbal zu verstehen, dass man unter Beobachtung stand und der Gruppe nur schwer entkommen würde.

Besonders wirkungsvoll waren solche »Erscheinungen«, wenn sie in einem Umfeld stattfanden, das man sich gerade aufgebaut hatte. Die Botschaft hierbei war immer dieselbe: Wir wissen, wo du bist. Wir wissen, was du tust. Wir wissen, wen du triffst. Und wir können jederzeit wiederkommen. Was dann allerdings geschehen wird, weiß niemand …

Ich spürte, dass die Luft für mich immer dünner wurde. Es war nicht einzuschätzen, wie viele meiner ehemaligen Kameraden von meinem Ausstieg wussten und welche Einstellung sie gegebenenfalls dazu besaßen.

Leise aufzuhören – immer häufiger den Treffen fernzubleiben, um irgendwann einmal gar nicht mehr zu erscheinen –, das wäre mit Sicherheit der unauffälligere Weg gewesen, sich aus der braunen Szene zu verabschieden. Auch solche Fälle gab es. Nach dem sanften Rückzug wurde geheiratet, es kamen Kinder zu Welt, und am Ende stand

eine bürgerliche Existenz, bei der der Vater nicht mehr dreimal pro Woche in voller Montur zu Demonstrationen ging oder Brandstiftungen plante. Diese Aussteiger sympathisierten immer noch mit der Grundideologie, verhielten sich aber wie passive Vereinsmitglieder.
Ein Ausstieg mit der Hilfe von EXIT hatte jedoch eine andere Dimension. Die Beteiligten setzten sich – wie in meinem Fall – über einen längeren Zeitraum gedanklich mit der Szene auseinander, um am Ende auch den Ausstieg im Kopf zu bewältigen. Ich persönlich wäre viel zu labil gewesen, um den leisen Ausstieg zu wählen. Der Szene so gut es ging fernzubleiben und einmal im Jahr zum Alumni-Treffen zu erscheinen, wäre mit meiner Persönlichkeitsstruktur nicht vereinbar gewesen. Es ist nicht auszudenken, was passiert wäre, wenn ich eines Tages mit dem braunen Gedankengut im Kopf und mit zu viel Alkohol im Blut in eine Situation geraten wäre, in der Messer oder Baseballschläger gefragt waren.
Ich hatte viel zu oft die Erfahrung gemacht, dass ich mich in Begleitung meiner Kameraden und unter Alkoholeinfluss überhaupt nicht mehr unter Kontrolle hatte und Dinge tat, die mit meinem heutigen Gewissen überhaupt nicht vereinbar sind.
Es waren nur noch die wenigen verbliebenen Freundschaften, die mich ab und zu in die rechte Szene führten. Es sollte sich zeigen, dass sie mich auch zunehmend in gefährliche Situationen brachten.

36

Nichts wie weg!

Es fing ganz harmlos an. Ich war zu einer kleinen Party eingeladen – einem Umtrunk im Kreise weniger ehemaliger Kameraden. Ich kann heute nicht mehr sagen, ob ich aus einer Laune heraus entschied, der Veranstaltung doch fernzubleiben, oder ob mir etwas dazwischen gekommen war. Vielleicht war ein solches Treffen – sosehr ich manche Ex-Kameraden noch immer mochte – auch einfach nicht mehr mit meiner inneren Einstellung zu vereinbaren.

Nur wenige Tage später erfuhr ich von einem guten Freund, dass man mir an dem besagten Abend »den Kopf zurechtrücken« wollte. Übersetzt hieß das: Man wollte mir meine Flausen gehörig ausprügeln, um mich auf den buchstäblich rechten Weg zurückzubringen. Diese Episode wurde mir zwar mit einem Augenzwinkern mitgeteilt – zum Lachen war mir in diesem Moment jedoch nicht. Ich wusste schließlich viel zu gut, wie schmerzhaft es sein konnte, von einer Gruppe Neonazis »belehrt« zu werden.

Aber das war nur der Anfang. Nur wenig später war ich zu einer Gartenparty eingeladen, bei der hauptsächlich Mitglieder meiner ehemaligen Gruppe anwesend waren. Heute ist mir unverständlich, wie ich so naiv sein konnte, dieser Einladung trotz aller Warnschüsse, die ich bereits erhalten hatte, zu folgen. Ich fühlte mich fehl am Platz, da ich mit den Gesprächen, den Parolen und der Atmosphäre wenig anfangen konnte, und verließ das Fest frühzeitig.

Ob es nun eine innere Stimme war, die mich an diesem Abend warnte, oder ob es tatsächlich so etwas wie Schutzengel gab – am Tag darauf berichtete ein guter Freund, dass kurz nach meinem Weggang eine

Gruppe Kameraden aus Sachsen-Anhalt aufgetaucht war, die nach mir fragte. Wer diesen »Putztrupp« bestellt und auf mich angesetzt hatte, fand ich nie heraus. Fakt war jedoch, dass ich auf irgendeiner Abschussliste stand und von diesem Tag an meine Augen auch nach hinten richten musste.

Und es ging weiter. Als ich für ein Wochenende nach Süddeutschland gefahren war, um meine Freundin zu besuchen, erhielt ich völlig überraschend einen Anruf von meinem Nachbarn. Er teilte mir aufgeregt mit, dass seit geraumer Zeit eine Gruppe Glatzen vor dem Haus stand und auf jemanden zu warten schien. Wer dieser jemand war, war mir sofort klar.

Als ich zwei Tage später nachts nach Hause zurückkehrte, lag ein Zettel in meinem Briefkasten. Der Satz »Verdammte Niggerfotze, dich machen wir fertig« war noch die harmloseste Botschaft, die diesem Schreiben zu entnehmen war. Spätestens in diesem Augenblick wurde mir endgültig klar, dass ich weg musste. Am besten sehr weit weg!

Gleich am nächsten Morgen rief ich Bernd Wagner, den Gründer von EXIT-Deutschland, an und bat ihn um Hilfe. Ich erzählte ihm von den Vorkommnissen in den zurückliegenden Wochen und Monaten – und von dem Zettel in meinem Briefkasten. Bernd Wagner setzte daraufhin sofort alle Hebel in Bewegung, um mich möglichst schnell aus dieser immer gefährlicher werdenden »Kampfzone« herauszubringen.

Und es ging wirklich sehr schnell. EXIT-Deutschland hatte in kürzester Zeit meinen Umzug organisiert, und ich war – ohne mich noch von irgendjemandem verabschieden zu können – raus aus Torgau und somit auch geografisch endlich der braunen Szene Nordsachsens entkommen. Mein Leben als Skinhead, Neonazi und Faschist hatte ein jähes Ende gefunden. Gottlob!

37

Wie neugeboren

Ich war also raus. In jeder Hinsicht. Weg von Dommitzsch, weg von Torgau, vollständig raus aus der sächsischen Neonazi-Szene – und frei. Ja, tatsächlich, ich fühlte mich befreit. Alles, was ich in den zurückliegenden Jahren an braunem Ballast mit mir herumgeschleppt hatte, war – so schien es– endlich aus meinem Leben verschwunden. Und die Geschichte meines Ausstiegs aus der rechtsradikalen Szene hatte wieder einmal bewiesen, dass es im Leben keine halben Sachen gab.

Es ist nicht möglich, trockener Alkoholiker zu werden und täglich zwei Glas Bier zu trinken. Wer sich das Rauchen abgewöhnen will, muss vollständig damit aufhören. Wer glaubt, er könne den Zigarettenkonsum auf wenige Stück pro Tag reduzieren, unterliegt einer Illusion. Ganz oder gar nicht. Ein bisschen Neonazi zu sein, geht nicht. Sich von der Szene zu lösen, jedoch mit einzelnen der ehemaligen Kameraden weiter in Kontakt zu stehen, ist keine sinnvolle Lösung.

Ich hatte letztendlich jede Variante getestet und war kläglich gescheitert. Nach meiner Haftentlassung war ich der Ansicht gewesen, ich könnte meine EXIT-Betreuer verschaukeln. Ich dachte, es wäre möglich, in den Gesprächen den reumütigen Aussteiger zu spielen, ab und an ein paar Vorträge zu halten und abends betrunken auf Ausländerjagd zu gehen.

Irgendwann hatte mein Doppelleben in Richtung Ausstieg ausgeschlagen. Ich war nun der Überzeugung, ich könnte meine ehemaligen Kameraden hinters Licht führen. Aber auch das funktionierte natürlich nicht. Ich hatte mich zwar gedanklich und emotional von der

Szene gelöst, versuchte aber, mit meinen Freunden weiterhin Kontakt zu halten. Auch diese Lebenslüge ging nicht auf.

Zwischen diesen beiden Varianten bestand ein entscheidender Unterschied: Solange ich EXIT betrogen hatte, war mein Leben nicht bedroht. Alles, was mir bei diesem falschen Spiel blühen konnte, war, aus dem Betreuungsprogramm der Ausstiegshilfe ausgeschlossen zu werden. Die rechtsradikale Szene zu belügen, war deutlich gefährlicher. Das hatten die zurückliegenden Tage und Wochen in Torgau bewiesen. Diese Art Menschen hob, wenn sie hintergangen wurde, nicht einfach mahnend den Zeigefinger. Die Neonazis hielten vielmehr einen Baseballschläger in die Höhe und ließen ihn mit Wucht auf den Verräter hinunterkrachen. Bevorzugt auf den Schädelknochen, das Nasenbein oder das Jochbein

Ich denke, mein Verhalten glich dem vieler Menschen, die versuchen, sich von einer Sucht zu befreien: Ich hatte mich selbst und mein Umfeld belogen. Ich wollte den Ausstieg, gleichzeitig wollte ich aber nicht auf die Vorzüge meines alten Lebens verzichten. Die sogenannte Kameradschaft, die Freundschaften, die pubertären Partys und die Trinkgelage hatten mich schließlich viele Jahre meines noch jungen Lebens begleitet, und ich hatte ganz einfach verkannt, dass ein sanfter Ausstieg nicht möglich war.

Es war wie bei Scientology oder einem Rockerclub wie den Hells Angels: Man konnte nicht einfach bei den Treffen erscheinen und erklären, dass man kein Mitglied mehr sei. Ebenso wie bei diesen Gruppierungen wollte die rechte Szene vermeiden, dass Aussteiger internes Wissen mit in die Außenwelt nahmen. Ehemalige Mitglieder kannten die Strukturen und die politischen Verstrickungen und besaßen auch immer wieder Kenntnis von Straftaten.

Wenn man dann auch noch – wie ich – mit einer Organisation kooperierte, die Szene-Aussteiger unterstützte und für Neonazis gemeinhin als Klassenfeind galt, konnte die Sache eigentlich nicht gut gehen.

Schließlich hatte ich selbst den EXIT-Mitarbeiter bei unserer ersten Kontaktaufnahme im Gefängnis als möglicherweise dem Staatsschutz zugehörig verdächtigt und befürchtet, er wolle mir wichtige Informationen entlocken.

Heute weiß ich natürlich, dass das nicht der Fall war. Die Organisation ist kein Werkzeug der Behörden, um verdeckt die braune Szene zu unterwandern. Georg Simonsky und all die anderen Mitarbeiter, die ich im Laufe der Jahre kennenlernte, meinten es ehrlich mit mir und waren nur daran interessiert, mich aus dem braunen Sumpf herauszuholen. Dennoch: Die Meinung, dass Kameraden, die mit EXIT arbeiteten, als Verräter anzusehen waren, hielt sich beharrlich. Sie ist meines Wissens bis heute in der rechten Szene geläufig.

Es gab, wie beschrieben, auch Fälle, in denen sich Kameraden aus privaten Gründen zurückzogen– zum Beispiel um eine Familie zu gründen oder eine Arbeitsstelle in einer anderen Stadt anzutreten.

Bei diesen wurde der Rückzug als unproblematisch erachtet, da sie in der Regel nicht mit der Ideologie brachen. Sie blieben der Szene zwar fern, galten aber immer noch als der Bewegung zugehörig. Mit der braunen Gesinnung zu brechen, galt hingegen als Todsünde. Als Abtrünniger wurde man gleichsam über Nacht zum Feind. Wenn man darüber hinaus, wie ich es tat, in Schulen und auf Veranstaltungen Vorträge hielt, die die Vorgänge in der rechten Szene unverblümt schilderten, dann wurde es richtig schmutzig. Wenn aus dem Saulus ein Paulus geworden war, hatte man so ziemlich jeden rechten Gesinnungsgenossen gegen sich.

Bis heute wird mir das immer wieder deutlich vor Augen geführt. In den letzten Jahren ging ich immer offensiver mit meinem Ausstieg um, auch im Fernsehen wurde über meine Person berichtet. Nach jeder Ausstrahlung einer entsprechenden Sendung ist in den szenetypischen Foren nachzulesen, welches Bild von mir in braunen Kreisen existiert: Ich bin ein »Judenschwein« oder ein »Dreckskanake« ...

Ganz findige Beobachter glauben bei diesen Sendungen erkennen zu können, in welchem Teil Deutschlands sie abgedreht wurden. Sie stacheln dann die dortigen Kameraden an, darauf zu achten, ob ich mich häufiger dort aufhalte. Auch diese Meldungen werden eifrig im Internet gepostet – nicht zuletzt, um mir das Signal zu geben, dass ich auf der braunen Abschussliste immer noch einen hohen Platz einnehme.

38

Als Soldat einer Partei

Wenn, wie in diesem Buch, von der rechten Szene die Rede ist, mag immer wieder der Eindruck entstehen, es handele sich dabei um vergleichsweise unorganisierte, postpubertäre Schlägerbanden, die von Zeit zu Zeit marodierend durch die Lande ziehen. Das ist ein verhängnisvoller Trugschluss.

Wenn man bedenkt, dass eine große rechte Partei Deutschlands selbst bei dem Geräteschuppen, den wir von der Dommitzscher Schule überlassen bekamen, eine nicht unwesentliche Rolle spielte, dürfte deutlich werden, wie weit ihr Einfluss reicht. Wie es uns damals dargestellt wurde, wurden nicht nur unsere paramilitärischen Ausbildungslager in Tschechien und Polen verdeckt durch die Partei finanziert – sie unterstützte auch jede noch so kleine provinzielle Splittergruppe mit Propagandamaterial, Immobilien oder Mietkostenübernahmen.

An fast allen Orten, an die mich meine Zugehörigkeit zur rechten Szene führte, bestanden versteckte oder offene Verbindungen zur Partei. Mal traf man sich in Räumen, die von ihr gestellt worden waren, mal trank man Schnaps, der von ihr spendiert worden war, mal erfuhr man von Fahrten, Partys oder Aktionen, die in enger Abstimmung mit ihr durchgeführt worden waren. Die Partei war omnipräsent und trat doch in den seltensten Fällen offen in Erscheinung. Genau das scheint ihre Strategie zu sein.

Rechte Schläger, vorbestrafte Neonazis und verurteilte Gewalttäter aus der braunen Szene waren im Hintergrund stets gern gesehen. Bei offiziellen Anlässen und an den Infoständen der Partei traten

ausschließlich eloquente Vorzeigemitglieder mit akkurat gescheiteltem Haarschnitt in Erscheinung, um nach außen hin das Bild einer ordentlichen, rechtschaffenen deutschen Partei zu vermitteln. Das Fußvolk indes, zu dem ich ja auch viele Jahre gehörte, ließ man schön brav hinter den Kulissen und vor allem im Untergrund wirken. Das Fußvolk war die hässliche Exekutive. Wir waren die Vollstrecker auf der Straße, die letztendlich das umsetzten, was uns die Partei gepredigt hatte und was sie mutmaßlich von uns erwartete. Finanziert wurden unsere Aktionen durch anonyme Großspenden aus der gesamten Bunderepublik, die der Partei mit Sicherheit zuteilwerden, und durch Steuergelder. Meiner Wahrnehmung nach liefen über die Wahlkampfkostenhilfe größere Summen mittelbar und unmittelbar in den braunen Terror – in einen militanten Untergrund, der alle paar Monate durch verabscheuungswürdige Aktionen in die Schlagzeilen gerät.
Dieser Vorgänge sollte man sich bewusst sein, wenn man in Deutschland allzu zaghaft über ein Parteienverbot diskutiert und eine rechtsextreme Partei aufgrund rechtsstaatlicher Bedenken letztendlich weiter »ihre« Untergrundarbeit finanzieren lässt. Selbstverständlich sieht unser Grundgesetz strenge Maßstäbe vor, wenn es um eine so gravierende Entscheidung wie ein Parteiverbot geht, und Verfassungsrechtler sind natürlich verpflichtet, ein solches Verfahren eingehend zu prüfen. Währenddessen brennen jedoch Wohnhäuser und türkische Imbisswagen im Land – oder es werden wahllos ausländische Bürger und deutsche Polizisten erschossen, wie es der Fall der Zwickauer Terrorzelle auf grausame Art und Weise gezeigt hat.
Inwieweit die rechten Parteien auch in diese Verbrechen involviert waren, wird die Aufklärungsarbeit der Behörden hoffentlich noch zeigen. Wer eine solche Verquickung jedoch von vorneherein ausschließt, ist meiner Meinung nach naiv oder auf dem rechten Auge blind. Dass die Verbindungen der rechten Parteien zu den verschiedensten militanten Zellen und Gruppierungen nicht zu einem raschen Verbot

dieser politischen Organisationen führen, ist für mich persönlich nur sehr schwer nachvollziehbar. Und sollten die Ermittlungsergebnisse auch nur ansatzweise gesichert eine Beteiligung rechter Parteien an den zehn Morden des Nationalsozialistischen Untergrunds ergeben, sehe ich keine Veranlassung mehr, diese Parteien noch irgendwie zu schonen.

Ich selbst war mit meinem Bund Arischer Kämpfer und mit der Wehrsportgruppe Racheakt allem Anschein nach ein indirekter Empfänger von Parteigeldern. Wenn diese unbedeutenden Gruppierungen in Dommitzsch diese Unterstützung erfahren haben sollten, dann mit Sicherheit nicht, weil sie in besonderem Maße förderungswürdig waren. Wir erhielten diese Gelder, weil wir im Sinne der Partei unterwegs waren. Als Bund Arischer Kämpfer. Mit verfassungsgemäßer Politik hatte das nichts mehr zu tun. Und viel mehr muss zu diesem Thema eigentlich gar nicht gesagt werden.

39

Die Gefahr von rechts

Welche Gefahr in der Bundesrepublik Deutschland durch rechtsextremistische Gruppierungen ausgehen kann, hat sich spätestens mit der Aufdeckung der Verbrechen der Zwickauer Terrorzelle gezeigt. Zehn Morde, Banküberfälle, Sprengstoff- und Nagelbombenattentate ... Hinzu kommen die unzähligen Brandanschläge auf Häuser und Einrichtungen, die von ausländischen Bürgern bewohnt bzw. genutzt worden waren. Die Zahl der Todesopfer durch rechtsradikale, terroristische Vereinigungen in Deutschland hat die Opferzahlen, die durch die linksextremistische RAF zu verantworten waren, um ein Vielfaches überschritten. Und doch hatte man in den vergangenen 20 Jahren immer das Gefühl, dass die rechte Szene einem weitaus geringeren Fahndungsdruck ausgesetzt war als RAF-Mitglieder wie Christian Klar, Ulrike Meinhof oder Andreas Baader.

Einer der Gründe dafür mag sein, dass der rechten Szene bis zur Identifizierung der Zwickauer Terrorzelle ein Gesicht fehlte. Wen hätte man denn auf die Fahndungsplakate setzen sollen, wenn es darum ging, die Brandstifter, die Asylbewerberheime angezündet hatten, oder die Täter, die Gemüsehändler erschossen hatten, dingfest zu machen? Zudem – und diese These mag provozieren – waren die Ermittlungsbehörden an der Ermordung eines Ali oder Mehmet vielleicht weniger interessiert als an der eines Hanns Martin Schleyer oder eines Siegfried Buback. Zumal die Opfer des Nationalsozialistischen Untergrunds ja lange Zeit in den Kontext von Mafia, Schutzgelderpressungen und Milieufehden gestellt, d. h. als Verbrechen behandelt wurden, die sich innerhalb der eigenen Szene abspielten.

Angesichts dieser Zuordnung sollte man sich einmal fragen, ob die Thesen der Ermittlungsbehörden nicht selbst fremdenfeindlich und despektierlich waren. Wurde die Gefahr, die zweifellos von rechtsextremistischer Seite droht, aus diesen Gründen vielleicht verkannt – oder wollte man sie zum Teil sogar verkennen?

Ich will all den rechtschaffenen und guten Polizisten und Ermittlern, die es hier in Deutschland ohne Zweifel gibt, nicht unrecht tun. Zumindest in der ostdeutschen rechtsradikalen Szene, in der ich aktiv war, war es jedoch augenfällig, auf wie viele Sympathisanten wir unter den Staatsdienern zählen konnten. Ohne für meine Behauptung wissenschaftliche oder soziologische Beweise erbringen zu können, erscheint es mir doch plausibel, dass ein Mensch, der in seiner Jugend- oder Studentenzeit gegen Castortransporte oder Atomraketen demonstriert und damit landläufig eher als »Linker« gilt, später nicht in den Polizeidienst eintritt.

Insofern dürfte sich in der Vergangenheit die Mehrheit der Ordnungskräfte im Umgang mit linksextremistischen Terrorakten vor größere Probleme gestellt gesehen haben als in der Auseinandersetzung mit rechtsextremistischen Anschlägen. Das mag in vielen Fällen nur eine kleine Synapse im Kopf einzelner Ermittlungsbeamten gewesen sein – diese ergab jedoch in der Summe eine gefährliche und fatale Ausrichtung zugunsten der rechten Szene. Ob diese nun intendiert war oder mehrheitlich unbewusst ablief – nach all dem, was über die Zwickauer Terrorzelle ans Licht kam, steht nun in der gesamten Bundesrepublik der Vorwurf im Raum, dass die Behörden zu wenig im rechten und rechtsextremen Randbereich unserer Gesellschaft ermittelten. Es wird sich zeigen, inwieweit der Parlamentarische Untersuchungsausschuss die möglichen Versäumnisse aufklären kann.

Nachdem die Zwickauer Terrorzelle endlich als Urheber der schrecklichen Mordserie enttarnt wurde, wirft der Verfassungsschutz aus Versehen den Aktenschredder an? Dabei werden Unterlagen zerstört, die möglicherweise Aufschluss über das Treiben des Nationalsozialistischen Untergrunds, aber auch über die Rolle des Verfassungsschutzes bei den Ermittlungen um diese rechtsradikale Gruppe hätten geben können, vernichtet. Ein Zufall, wie es heute zu erklären versucht wird? Auch unsere Gruppierungen innerhalb der rechten Szene waren vom Verfassungsschutz durch V-Leute unterwandert. Das war gang und gäbe. Kritisch zu hinterfragen ist in diesem Zusammenhang aber die Art, wie diese V-Männer arbeiteten. Sie kamen häufig aus dem Milieu und wurden über einen Deal als Spitzel eingeschleust: Du versorgst uns mit Informationen aus der rechten Szene, und wir gewähren dir Straffreiheit – für was auch immer.

Danach lieferten die V-Leute dem Verfassungsschutz Hinweise. Aber welche Informationen hatten sie zur Hand? In der Regel waren wir längst über die Spitzeltätigkeit unserer Kameraden informiert – oft von den V-Leuten selbst. Also setzte man sich zusammen und überlegte, was man an die Behörden weitergeben könnte: Es wurden falsche Pseudonyme und Spitznamen von Kameraden kommuniziert, von geplanten Aktionen berichtet, die in dieser Form nie stattfanden, und Termine von Treffen mitgeteilt, die von vornherein nicht unter Geheimhaltung standen. Damit hatten die V-Leute vordergründig ihre Arbeit geleistet, und wir waren bestens im Bilde, über welchen Informationsstand der Gegner verfügte.

Die Honorare, die die V-Leute erhielten, flossen direkt in die braune Szene hinein. Man musste also dem Affen nur regelmäßig Zucker geben, und schon konnte man staatliche Subventionen kassieren. V-Männer, mit denen wir nicht kooperieren wollten und die in der Szene als »Assi-Glatzen« bezeichnet wurden, wurden von uns oft auch einfach ans Kreuz genagelt, d. h., sie wurden durch der Szene loyal zugewandte Spitzel bei den Behörden in Misskredit gebracht und galten dem Verfassungsschutz fortan als unzuverlässig.

In der Regel waren die V-Leute ideologisch gefestigte Gesinnungskameraden, die alle und jeden verraten hätten, nur nicht die rechte Szene, in der sie sich zu Hause fühlten. Nicht wenige Straftaten wurden von den V-Leuten selbst geplant und durchgeführt – zum einen, weil sie damit den Behörden hochkarätige Fahndungserfolge bescheren konnten, zum anderen weil sie sich aufgrund ihrer staatstragenden Rolle besonders wichtig und mächtig fühlten.

Es ist schlichtweg anzuerkennen, dass ein Teil der von Rechtsradikalen begangenen Straftaten mittelbar durch den Staat finanziert wurde. Darüber hinaus flossen in Form der den V-Leuten bezahlten Honorare Staatsgelder in Parteiarbeit, Propagandamittel und viele andere Aktivitäten der rechten Szene.

Ich will mich und meine Mitstreiter aus vergangenen Tagen nicht wichtiger und gefährlicher machen, als wir es waren. In der Retrospektive zeigt sich jedoch, dass die Gruppierungen in Dommitzsch und Torgau ähnlich planten und dachten wie die Zwickauer Terrorzelle. Dass der aus unseren Gruppen resultierende Terror gottlob nicht noch größeres Ausmaß erreichte, geht einerseits auf unser Unvermögen bei der Durchführung weitreichenderer Aktionen zurück und ist andererseits dem Umstand geschuldet, dass ich nach der Erpressung des Torgauer Geschäftsmannes für eine gewisse Zeit aus dem Verkehr gezogen wurde. Viel ist auch der Tatsache zu verdanken, dass ich dann im Gefängnis die Möglichkeit bekam, mit EXIT-Deutschland Kontakt aufzunehmen.

Was aus mir und der Wehrsportgruppe Racheakt geworden wäre, wenn es diese Notbremsen nicht gegeben hätte, vermag ich nicht zu sagen. Aus heutiger Sicht würde ich jedoch davon ausgehen, dass ich mich ebenso wie ein Teil meiner ehemaligen Kameraden auf einen ähnlichen Weg begeben hätte wie Mundlos, Böhnhardt und Zschäpe. Angesichts der langen Zeit, über die vor allem die Zwickauer Terrorzelle unentdeckt aktiv sein konnte, stellt sich eine weitere, entscheidende Frage: Wie viele von uns – oder von denen – gab es denn noch? Und wie viele dieser Bauers und Böhnhardts existieren heute? Wohl und behaglich ist mir bei diesen Gedanken in unserem hoch entwickelten Land nicht.

40

Schuld und Sühne

Am Ende stellt sich die Frage, was von einem Leben im Untergrund übrig bleibt. Wenn man wie ich gut die Hälfte seines Lebens als Skinhead oder Neonazi verbrachte, muss ein solches Fazit eher düster ausfallen. Ich habe im Laufe der Jahre nicht nur meine Familie und viele andere Menschen in meinem persönlichen Umfeld verletzt, ich habe auch zahllosen anderen geschadet – den vielen Menschen, die wir persönlich beleidigten, die wir körperlich und seelisch quälten, die ich zusammen mit meinen ehemaligen Kameraden grundlos diffamierte oder verprügelte, die wir einschüchterten und deren Lebensqualität wir zerstörten.

Es ist ein Leben, auf das man über weite Abschnitte hinweg mit Sicherheit nicht stolz sein kann. Einige Vorkommnisse sind vielleicht einem gewissen kindlichen oder jugendlichen Übermut zuzuschreiben, aber alles, was ich ab meinem 16. Lebensjahr verbrochen habe – denn ab diesem Alter ist ein Mensch zu vernünftigem Denken befähigt – ist im Grunde unentschuldbar.

Ich habe vor einiger Zeit den Versuch unternommen, mich beispielsweise bei dem Torgauer Geschäftsmann zu entschuldigen, den ich über einen längeren Zeitraum hinweg gequält, verängstigt und vor allem auch körperlich schwer verletzt hatte. Der Mann hatte tatsächlich die menschliche Größe, mir noch einmal gegenüberzutreten und mir sogar die Hand zu reichen. Gleichwohl konnte ich sehen und spüren, wie viel Angst und Unbehagen unsere Begegnung diesem Mann bereitete.

Obwohl die von mir an ihm verübten Verbrechen schon einige Jahre zurücklagen, litt dieser unschuldige Mensch noch immer unter den traumatischen Erlebnissen. Diese Konsequenzen zieht man natürlich nicht in Betracht, wenn man marodierend und schlägernd durch die Lande zieht. Ich glaube, kaum ein Straftäter ist sich bewusst, was er seinen Opfern und deren Angehörigen letztlich antut. In unserem speziellen Fall gab es ja auch noch den fadenscheinigen Vorwand, dass es sich bei unserem Opfer um einen Schwulen handelte, der unserer Weltanschauung gemäß keine Daseinsberechtigung besaß.

Diese Auffassung und die Tatsache, dass wir mit dem Mann eine vergleichsweise leicht auszuschöpfende Geldquelle gefunden hatten, legitimierten in unseren Augen die Verbrechen, ohne dass wir je auch nur kurz in Zweifel gerieten. Dass wir mit unserem Handeln möglicherweise Unrecht taten und vielleicht sogar einen Menschen zerstörten, kam uns nicht einmal ansatzweise in den Sinn. Und selbst wenn einer aus unserer Gruppe damals Skrupel bekommen hätte, wäre da immer die universelle Begründung gewesen, mit der wir sämtliche Verbrechen rechtfertigten, die wir im Lauf der Zeit begingen: Wir waren Untergrundkämpfer. Wir hatten eine Mission – und Verluste gab es in jeder Schlacht .

Warum zu diesen »Verlusten« auch ein kleines Kind oder der geistig behinderte junge Mann, den wir in den Bach stießen, gehören mussten, kann ich bis heute nicht erklären. Oder Willi, der Obdachlose, den wir nach Lust und Laune zusammenschlugen, obwohl er weder für sein eigenes noch für unser Schicksal irgendeine Verantwortung trug.

Diese Geschehnisse rauben mir heute den Schlaf, und ich wüsste zu gerne einen Weg, wie ich diese Taten wiedergutmachen könnte. Diesen Weg wird es jedoch leider nicht geben, denn was wir getan haben, ist nicht zu entschuldigen. Andere Menschen allein aus rassistischen oder verqueren ideologischen Gründen zu misshandeln, ist ein Verbrechen, das dem sexuellem Missbrauch von Kindern und jeder anderen Form der Gewaltausübung gegenüber Kindern gleichkommt. Wir, die wir uns als Herrenrasse betrachteten, waren auf einer Evolutionsstufe angelangt, die jedes noch so einfach strukturierte Lebewesen auf unserem Planeten beleidigen würde.

Ich habe schließlich einen Weg gefunden, mit dieser Schuld angemessen umzugehen. Zumindest glaube ich das. Ich erzähle den Menschen, die mir zuhören wollen, von meinem kaputten Leben. Ich gehe in Schulen und Jugendclubs und versuche jungen Leuten anhand meines Werdegangs zu verdeutlichen, wohin ein Leben als Neonazi führt. Ich berichte, wie und warum ich als kleiner Junge dieser Faszination erlag und was nun davon übrig geblieben ist. Ich bin ein lebendiges Beispiel für das, was man besser nicht tun sollte, und versuche deshalb unermüdlich, durch meine Erzählungen und Vorträge den potenziellen Kreis neuer junger Neonazis so klein wie nur möglich zu halten.

Denn die Rattenfängerei wird in Deutschland munter fortgesetzt. In Sportvereinen, Jugendclubs und auf Konzerten – fast überall sind die vordergründig sympathisch wirkenden Werber aus der Partei und deren diffusem Umfeld zu finden. Sie sprechen die Sprache der jungen Leute, sie kennen ihre Sorgen, und sie wissen ganz genau, in welcher Region welche Bedingungen vorherrschen, die bei den Jugendlichen Frust auslösen. Das befähigt sie dazu, Nachwuchs für die rechtsradikale Szene anzuwerben und jungen, unbedarften Menschen etwas schmackhaft zu machen, was dem Rest des Landes übles Magenbrennen bereitet.

Ich persönlich war der geradezu naiven Meinung, dass sich die Neonazi-Szene nach dem Bekanntwerden der brutalen Mordserie durch die Zwickauer Terrorzelle vielleicht ein wenig zurückziehen würde – so, wie man das eben tut, wenn sich die öffentliche Meinung zornig und aufgebracht gegen die eigene Gruppierung richtet. Aber nichts dergleichen ist geschehen. Ein rechtsnationaler Aufmarsch folgt dem anderen. Die rechtsradikale Szene zeigt nicht einmal ansatzweise die Reaktion, sich angesichts der schrecklichen Verbrechen, die die Zwickauer Terrorzelle verübte, im Hintergrund zu halten. Ganz offensichtlich schämt sich fast kein Skinhead oder Neonazi dieser perfiden Mordserie.

Es scheint ganz offensichtlich keine Schande zu sein, sein Gesicht bei Neonazi-Aufmärschen in die Kameras zu halten. In dieser Hinsicht habe ich mich wohl schwer getäuscht. All das, was nach den von Böhnhardt, Mundlos und Zschäpe verübten brutalen Anschlägen, die der rechten Gewalt eine völlig neue Dimension gaben, in den Medien zu sehen war, zeigt, dass eine abschreckende Wirkung in weiten Teilen der Szene ausblieb. Ich persönlich hätte wirklich gedacht, dass viele Rechte erst einmal nicht als solche erkannt werden wollen würden, solange in Deutschland das Thema Nationalsozialistischer Untergrund so dominant ist.

Die Tatsache, dass kein Rückzug der Neonazis erfolgte, zeigt wiederum, wie emotionslos und empathiefrei in der rechten Szene mit Verbrechen umgegangen wird. Es scheint ganz einfach niemanden zu interessieren, dass mindestens zehn Menschen erschossen wurden und so viele Opfer des Nagelbomben-Attentats immer noch an den Folgen leiden. Nichts dergleichen. Womöglich wird in diesen Kreisen sogar abends bei dem 14. Bier davon gesprochen, dass der Nationalsozialistische Untergrund immerhin dafür Sorge getragen hat, dass in Deutschland nun wenigstens neun Ausländer weniger leben … Ich weiß es nicht genau, aber der Zynismus, der auch mich in meiner aktiven Zeit prägte, lässt eine solche Wertung des Geschehens durchaus wahrscheinlich sein.

Fakt ist: Die Neonazi-Szene in Deutschland hat sich weder durch das Ausmaß der Verbrechen der Zwickauer Terrorzelle noch durch öffentliche Reaktionen auf diese Taten beeindrucken lassen. Das verdeutlicht, dass das Treiben am rechten Rand unserer Gesellschaft so schnell kein Ende finden wird. Und solange es auch noch zugelassene Parteien gibt, die den rechtsradikalen Untergrund tatkräftig und finanziell unterstützen, sehe ich für dieses Land im Moment ziemlich schwarz. Oder braun, genauer gesagt.

Ein Nachwort von Georg Simonsky, ehemaliger EXIT-Betreuer von Manuel Bauer

Als ich 2002 als Mitarbeiter des Projektes EXIT-Deutschland zur Justizvollzugsanstalt Torgau fuhr, überlegte ich mir, mit dem Erfahrungsschatz einer fast 25-jährigen kriminalistischen Tätigkeit, auf welchen Menschen ich treffen würde.

Mir war bekannt, dass sich Manuel Bauer in einem Brief an EXIT gewandt hatte und um Unterstützung beim Ausstieg bat. Vorausgegangen war ein Schlüsselerlebnis in der JVA mit rechtsextremistischen Tätern, bei dem er Hilfe von ausländischen Mitgefangenen erhielt, die er bis dato verachtete, weil er sich für etwas »Besseres« hielt. Es war wohl auch die Erkenntnis gewachsen, dass extremistische, besonders gewaltsame Verbrechen unabwendbar eine Strafe nach sich ziehen. Hinzu kam die Information über seine künstlerische Ader, d. h. er malte, wohl auch, um sich abzulenken und seine Situation zu verarbeiten.

Rechtzeitig vor dem Termin angereist, konnte ich beobachten, wie Manuel Bauer von der Arbeit außerhalb der JVA in diese mit dem Fahrrad zurückkehrte. Dabei konnte ich mir einen ersten Eindruck verschaffen. Im Gespräch ging es mir darum herauszufinden, welche persönlichen und gesellschaftlichen Gründe es für den Abstieg in das kriminelle rechtsextremistische Milieu gab. Bei diesem ersten Kennenlernen war mein Ziel, Fragen aufzuwerfen, um eine Auseinandersetzung mit der rechtsextremistischen Ideologie im Bewusstsein von Manuel auszulösen. In der Folge gab es Schriftverkehr und mehrere persönliche Gespräche, die nach seiner Entlassung aus der JVA intensiviert wurden. Manuel wurde geholfen, in einem neuen Lebensumfeld Fuß zu fassen, was schwer genug war.

Schritt für Schritt wurde Manuels Bereitschaft gefördert, in die Öffentlichkeit zu gehen, um andere junge Menschen davor zu warnen, in diese menschenverachtende Szene abzugleiten.
Die von ihm ausgeübte Tätigkeit hat ihm geholfen, gesellschaftliche Anerkennung zu erhalten. Gleichzeitig muss man darauf hinweisen, dass ihn die rechtsextremistische Szene bis heute nicht vergessen kann. Mit Hass, auch mit Gewalt wird versucht, gegen seine Person und sein Umfeld vorzugehen.
Es ist erforderlich, dass unser Staat, seine Institutionen, aber auch unsere gewählten Volksvertreter begreifen – besonders nach dem Versagen bei den Ermittlungen gegen die rechtsextremistische Terrorzelle in Zwickau, das mehrere Leben gekostet hat –, dass die gesellschaftlichen Initiativen, die den Ausstieg aus der Szene befördern, so ausgestattet werden müssen, dass sie ihre Aufgaben umfassend wahrnehmen können. Dies ist nur mit der Ausrüstung durch finanzielle Mittel möglich, die auch langfristig zur Verfügung stehen, um eine dauerhafte Nachhaltigkeit zu erreichen.
Es darf nicht sein, dass diese Initiativen immer wieder Personal entlassen müssen, weil die Mittel nicht ausreichen. Dadurch wird Humankapital vom Staat weggeworfen. Bewährtes muss Bestand haben. Die staatlichen Institutionen stehen ohne die gesellschaftlichen Kräfte bei diesem Kampf auf verlorenem Posten. Die Toten sollten uns Mahnung genug sein. Ständiges Reden, Lichterketten und das gegenseitige Versichern, dass etwas getan werden muss, reichen nicht aus.

»Das beste Wort ist die Tat.«
José Marti

Georg Simonsky
Georg Simonsky war als Mitarbeiter von EXIT-Deutschland der Hauptbetreuer von Manuel Bauer.

Demokratie braucht Demokraten
Von Harald Zintl, Friedrich-Ebert-Stiftung

Seit Monaten konzentriert sich das öffentliche Interesse beim Thema Rechtsextremismus auf die Mordserie des Nationalsozialistischen Untergrunds (NSU). Mitglieder der rechtsextremistischen Terrorzelle werden beschuldigt, zwischen 2000 und 2007 mindestens 10 Menschen ermordet und zahlreiche andere zum Teil lebensgefährlich verletzt zu haben. Gegen weitere Personen wird wegen aktiver Unterstützung des NSU ermittelt.

Bürgerinnen und Bürger, Medien und Untersuchungsausschüsse im Deutschen Bundestag und mehreren Länderparlamenten wollen wissen, warum und wie die Rechtsterroristen über zehn Jahre unentdeckt im Untergrund leben, ihre Gewalttaten planen und ausführen konnten. Was bisher bekannt wurde, veranlasste nicht nur *DIE ZEIT*, von einem »Versagen der deutschen Sicherheitsbehörden« zu sprechen. Ämter für Verfassungsschutz und Polizeibehörden müssen sich fragwürdige Ermittlungsmethoden, mangelnde Zusammenarbeit, Ineffizienz und in Einzelfällen Aktenvernichtung vorwerfen lassen.

Der Präsident des Bundesamtes für Verfassungsschutz und seine Amtskollegen in den Freistaaten Sachsen und Thüringen wurden wegen Ermittlungspannen bereits in den einstweiligen Ruhestand versetzt. Der Leiter des Bundeskriminalamtes, Jörg Ziercke, geht, anders als geplant, bereits Ende 2012 in den Ruhestand. Weitere Verantwortliche werden wohl folgen. Die Diskussion über eine inhaltliche und organisatorische Neuausrichtung besonders des Verfassungsschutzes in Deutschland hat längst begonnen.

Ungeachtet der bitter notwendigen politischen und juristischen Aufklärung und Aufarbeitung der rechtsextremistisch motivierten Morde des NSU und ihrer Hintergründe muss die Zivilgesellschaft an ihrem aktiven Engagement für Menschenrechte und die freiheitlich-demokratische Grundordnung festhalten. Aufklärung über und Argumente gegen Rechtsextremismus und Antisemitismus, fremdenfeindliche und rassistische Einstellungen sind und bleiben Verpflichtung aller Demokraten in Kommunen, Vereinen und Schulen, in der Freizeit, beim Sport und am Arbeitsplatz.

Die kontinuierliche Arbeit gegen Rechts und für die Demokratie ist daher auch ein zentrales Arbeitsfeld der Friedrich-Ebert-Stiftung (FES). »Demokratie braucht Demokraten«, postulierte der Namensgeber der Stiftung, der erste frei gewählte Reichspräsident Friedrich Ebert, bereits 1924. Sein Befund für die Weimarer Republik hat auch heute noch Gültigkeit: Nicht nur militante Extremisten können unsere Demokratie bedrohen, sondern auch Gleichgültigkeit und Ablehnung der Bürgerinnen und Bürger.

Die FES veranstaltet bundesweit Tagungen, Seminare und Ausstellungen, die über Ziele, Strategien, Erscheinungsformen und Vorgehen der extremen Rechten informieren. Sie zeigt wirkungsvolle Strategien für demokratisches Engagement auf und ermutigt zu Zivilcourage, z. B. in Rhetorik-Seminaren »Argumente gegen rechte Parolen«. Einen hohen Stellenwert, auch für das Regensburger Regionalbüro, hat dabei die politische Bildung in Schulen, mit Jugendlichen und jungen Erwachsenen an Unis und Hochschulen, im Fachbereich Polizei der Fachhochschule für öffentliche Verwaltung und Rechtspflege in Bayern, in Jugendzentren und Verbänden.

Zu einer dieser Veranstaltungen in Bayern lud die Friedrich-Ebert-Stiftung vor einigen Jahren erstmals auch Manuel Bauer als Referenten zum Thema Rechtsextremismus ein. Klar war dies ein Wagnis trotz aller Informationen, die er uns im Vorfeld zu seiner Person gegeben hatte: Über was würde der wegen zahlreicher Gewalttaten rechtskräftig verurteilte frühere Neo-Nazi berichten? Welche Einbli-

cke in Strukturen und Ziele der rechtsextremen Bewegung würde er geben? Wie glaubwürdig konnte er den endgültigen Bruch mit seiner rechtsextremistischen Vergangenheit belegen? Und was würde er auf Nachfragen antworten, worin er jetzt Vorzüge der Demokratie sieht?
Wir haben mit Manuel Bauer über seine ersten Vorträge und die anschließenden Diskussionen mit Jugendlichen ausführlich gesprochen. Die schockierend detaillierte Schilderung seiner kriminellen Taten trat in den Hintergrund zugunsten einer stärkeren Auseinandersetzung mit den kruden ideologischen Wurzeln und Aufklärung über die Strategie des Nationalsozialismus und des aktuellen Rechtsextremismus. Bauer legte dar, wie sich die Szene mit Geld und Waffen versorgt und ihre Funktionäre ausbildet.
Besonders hellhörig wurden die Teilnehmerinnen und Teilnehmer unserer Seminare, wenn der Aussteiger schilderte, wie raffiniert sich die Neonazi-Szene an 12-, 13-Jährige mit Angeboten heranmacht, mal ein Bier zu trinken, Karten zu spielen oder ein »Konzert« zu besuchen. Und wie viel Ärger die Kameraden auf einmal machen, wenn es sich der Eine oder Andere, der zunächst Gefallen findet, dann doch anders überlegt. Nicht selten kamen Jugendliche nach Veranstaltungen auf Manuel Bauer zu und fragten, wie sie aus der braunen Szene wieder aussteigen könnten.
Und Manuel Bauer macht in seinen Statements sehr, sehr deutlich, welche Zustände Rechtsextremisten, ob in Parteien oder in sogenannten Kameradschaften, vorschweben, wenn sie das Sagen hätten: Die Abschaffung der Menschenrechte, die Zerschlagung der Grundrechte und des Grundgesetzes, der Frontalangriff auf unseren Rechtsstaat, die Meinungsfreiheit, den Pluralismus und die Toleranz. Kurzum eine gnadenlose Diktatur, die auch vor der Verfolgung und Vernichtung Andersdenkender nicht Halt machen würde.
Bauer kennt all dies. Er hat jahrelang für diese nationalsozialistischen Wahnideen geworben, erpresst, getreten und geprügelt. Wahr ist

auch: Er hat ohne Wenn und Aber mit seiner kriminellen neonazistischen Vergangenheit abgeschlossen. Manuel Bauer kann, wie er in diesem Buch schreibt, aufzeigen, »wie der Weg vom braunen, rechtsradikalen Untergrund zurück in die Gesellschaft führen kann.« Demokratie braucht Demokraten. Manuel Bauer hat sich entschlossen, die Gegner der Demokratie zu entlarven und sich aktiv für Menschenrechte und demokratische Grundwerte einzusetzen.

Harald Zintl
Harald Zintl ist Leiter des Regensburger Regionalbüros der Friedrich-Ebert-Stiftung
Mehr Informationen über die Arbeit der Friedrich-Ebert-Stiftung gegen Rechtsextremismus und für Demokratie unter
http://www.fes-gegen-rechtsextremismus.de

Worte des Dankes

Ich möchte mich auch an dieser Stelle noch einmal bei all den Menschen entschuldigen, denen ich großes Leid zugefügt habe – insbesondere bei meinen Opfern und deren Familien, aber auch bei meinen Angehörigen. Ich widme dieses Buch an erster Stelle all meinen Opfern – das ist vermutlich das Mindeste, was ich für sie tun kann.

Einen ganz besonderen Platz in meinem Leben hat natürlich meine Frau Pepi. Mein Schatz, ich danke dir für dein Durchhaltevermögen und auch dafür, dass du immer an mich geglaubt hast.

Ich danke meinen Schwiegereltern für ihre Toleranz und dafür, dass sie eine so großartige Tochter großgezogen haben.

Mein Dank geht auch an meine beiden Schwestern Peggy und Stefanie. Und an meinem süßen kleinen Neffen Jamie Oliver sowie meinen angehenden Schwager.

Natürlich vergesse ich auch die beiden Menschen nicht, denen ich in meiner Jugend fast nur Sorgen und Probleme bereitet habe – meine Mutter und mein Vater. Danke, dass ihr mich trotz allem nie aufgegeben habt.

Lieber Gaggo, auch dir widme ich dieses Buch. Ich hatte nicht viele so gute Freunde, wie du es bist.

Ich danke auch Maik Schwarz von Projekt Future, einem ehemaligen Kameraden, der ebenfalls den Absprung geschafft hat und auf den ich heute noch zählen kann.

Wer hier nicht fehlen darf, ist mein ehemaliger EXIT-Betreuer, Mentor und guter Freund Georg Simonsky. Auch dir und deiner Frau ist dieses Buch gewidmet. Es ist gut zu wissen, dass es solche Menschen, wie ihr es seid, noch gibt.

Eine andere Schlüsselfigur in meinem Leben ist Bernd Wagner, der Gründer und Initiator von EXIT-Deutschland. Dir und deinen vielen aufopferungsvollen Kollegen und Mitarbeitern von EXIT-Deutsch-

land und dem Aktionskreis ehemaliger Rechtsextremisten habe ich viel zu verdanken.
Auch euch, die ihr mich von Anfang an mit offenen Armen und frei von jeglichen Vorurteilen empfangen habt, spreche ich meinen Dank aus: Beate und Susanne, Mirko und Katja, Iris, Enzo und Maria. Es ist ein tolles Gefühl, mit euch befreundet zu sein.
Ich danke zuletzt all jenen, die sich gegen Gewalt, für mehr Toleranz und für ein Miteinander aller Kulturen einsetzen. Euch allen spreche ich meinen tiefsten Respekt aus.

Manuel Bauer